AF501660

COURS
DE
MATHÉMATIQUES
A L'USAGE
DE L'INGÉNIEUR CIVIL;

PAR J. ADHÉMAR.

GÉOMÉTRIE DESCRIPTIVE.

A PARIS,
CHEZ CARILLAN-GOEURY,
LIBRAIRE DES CORPS ROYAUX DES PONTS ET CHAUSSÉES ET DES MINES,
quai des Augustins, n° 41.

1832

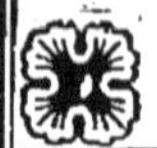

COURS COMPLET
DE MATHÉMATIQUES

A L'USAGE

DE L'INGÉNIEUR CIVIL,

PAR M. ADHÉMAR.

GÉOMÉTRIE DESCRIPTIVE.

Cette partie du Cours de Mathématiques de M. Adhémar comprendra

LA GÉOMÉTRIE DESCRIPTIVE

ET LES APPLICATIONS DE CETTE SCIENCE, *savoir* :

1° Projections d'architecture.
2° Théorie des ombres et du lavis.
3° Perspective.
4° Coupe des pierres.
5° Charpente et menuiserie.
6° Dessin, composition et construction des machines.

Le tout se composera d'environ 120 Planches in-folio lithographiées, formant atlas, accompagnées du texte imprimé in-8°.

Les livraisons, composées chacune de quatre Planches, paraissent de mois en mois, depuis le 1er Juin 1832, dans l'ordre des matières convenable pour établir l'enchaînement des idées.

Prix de la Livraison, 2 fr.

IMPRIMERIE DE BACHELIER.

Il faut varier de toutes manières la position des données de cette question. Dans la *figure* 66, la trace verticale du plan donné p, et celle du plan p', se rencontrent au-dessous du plan horizontal.

Dans la *figure* 67, le plan donné est parallèle à la ligne de terre.

71. Dans la *figure* 68, la ligne (ab, $a'b'$) est perpendiculaire à la ligne de terre, de sorte que ses deux projections sont le prolongement l'une de l'autre, et le plan p' est perpendiculaire aux deux plans de projection. Dans ce cas, on fera tourner ce plan autour de sa trace verticale, pour le rabattre sur l'épure; la ligne donnée sera représentée, dans ce rabattement, par $a''b''$, et rs sera l'intersection des plans p et p'. Le point m'', où ces deux lignes se coupent, étant ramené à sa place, aura pour ses projections les deux points m, m'. On pourra vérifier les constructions, en construisant, par le point que l'on aura trouvé, une génératrice du plan p.

72. Dans la *figure* 69, les traces verticales du plan donné p et du plan auxiliaire p', ne se rencontrant pas sur l'épure, on trouvera l'intersection de ces deux plans par la construction indiquée (65).

73. Dans la *figure* 70, on a employé, comme auxiliaire, un plan p' parallèle à la ligne de terre et contenant la ligne donnée (51). On peut vérifier les constructions en construisant la projection m'' du point demandé sur le plan auxiliaire de projection (21).

74. Le problème que nous venons de résoudre n'est qu'un cas particulier de cette question générale :

Trouver l'intersection d'une ligne quelconque avec une surface.

Soient a la ligne donnée, et B la surface donnée.

Concevons une surface *quelconque* C, qui contienne la ligne a; cette surface contiendra le point cherché m; et comme ce point doit faire partie de la surface donnée B, il sera sur la ligne b, provenant de l'intersection des surfaces B et C.

Or, le point m devant être à la fois sur les lignes a et b, sera où elles se coupent.

Je représenterai la liaison des idées de la manière suivante :

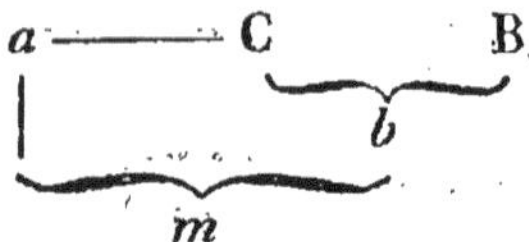

Ici, comme dans le problème (67), il n'y aura plus qu'à choisir, pour chaque cas particulier, la surface auxiliaire C, de manière que la ligne b provenant de son intersection avec la surface B, soit la plus simple possible et la plus facile à construire.

Nous verrons, par la suite, que dans le cas général on emploie pour auxiliaire une surface cylindrique perpendiculaire à l'un des plans de projection, et ayant pour trace sur ce plan la projection même de la ligne donnée ; mais dans beaucoup de cas particuliers, lorsque a sera une droite ou une courbe plane, on emploiera un plan pour surface auxiliaire.

Dans les exemples précédens, la surface donnée p et la surface auxiliaire p', étant deux plans, leur intersection s est une ligne droite.

Ce problème aura plus tard un grand nombre d'applications.

PARALLÉLISME DES LIGNES ET DES PLANS.

75. Nous avons vu (43) que *lorsque deux lignes sont parallèles, leurs projections sont parallèles.*

76. Nous admettrons pareillement que *lorsque deux plans sont parallèles, leurs traces sont parallèles*, puisqu'elles sont les intersections de deux plans parallèles par le plan de projection (*Géom.*). D'après cela,

77. *Étant donnés un plan et un point, construire par le point un second plan parallèle au premier.*

Soient donnés (*fig.* 71, *Pl.* 10) le plan p et le point aa'. On construira par le point a une parallèle à la trace verticale du plan p, et par conséquent à celle du plan cherché p'. Cette droite, considérée comme génératrice du plan cherché, aura pour projection horizontale $a'd'$, et son pied d' sera un point de la trace horizontale demandée. On construira cette trace parallèle à celle du plan donné, et le point où cette trace rencontrera la ligne de terre appartiendra à la trace verticale cherchée, que l'on mènera parallèlement à celle du plan p.

On aurait pu, par une construction analogue, chercher d'abord un point de la trace verticale.

78. Dans la *figure* 72, on a projeté le point aa' sur le plan auxiliaire, puis, par la projection a'' de ce point, on a mené parallèlement à la trace du plan p, la ligne su, que l'on a prise pour trace du plan cherché; ce qui a donné en s et en u' un point pour chacune des deux autres traces de ce plan.

79. *Étant donnés un plan et un point, construire par ce point une parallèle au plan donné.*

Étant donnés (*fig.* 73) le plan p et le point aa', on prendra un point *quelconque* bb', situé où l'on voudra dans le plan p; puis, après avoir mené par ce point une ligne *quelconque* (bc, $b'c'$), située dans le plan p', on construira parallèlement à cette ligne, et par le point donné, une ligne (ad, $a'd'$) qui sera parallèle au plan p, puisqu'elle sera parallèle à une droite (bc, $b'c'$) située dans ce plan (*Géom.*).

On voit que le problème est indéterminé, et qu'en recommençant la construction dans toutes les directions, on aura autant de droites que l'on voudra passant par le point donné, et parallèles au plan donné.

Il est encore facile de reconnaître que toutes ces droites seront dans un même plan; d'où résulte un moyen plus élégant de résoudre la même question.

80. On construira d'abord par le point (aa') (*fig.* 74), et par le moyen indiqué (77), un plan p' parallèle au plan p,

et il n'y aura plus qu'à mener (49), par le point donné, des droites qui soient situées dans le plan p'.

81. Il résulte de ce qui précède, que lorsque deux lignes sont parallèles entre elles, ou que deux plans sont parallèles, on le voit à l'inspection de l'épure, puisque les projections des lignes dans le premier cas, et les traces des plans dans le second, sont parallèles; mais il n'en est pas de même du parallélisme d'une ligne avec un plan. Lorsqu'une ligne est parallèle à un plan, les projections de la ligne ne sont pas pour cela parallèles aux traces du plan, de sorte que si l'on avait sur une épure les traces d'un plan et les projections d'une droite, et que l'on voulût savoir si la droite est parallèle au plan, il faudrait voir (47) si l'on peut construire dans le plan une parallèle à la droite, ou bien (51) si l'on peut construire par la droite un plan parallèle au plan donné.

82. *Étant donnés une droite et un point, faire passer par le point un plan parallèle à la droite.*

Soient (*fig.* 75) aa' le point donné, bb' la droite donnée; on mènera (43) par le point, et parallèlement à la droite bb', la ligne (ac, $a'c'$); et tout plan construit suivant cette dernière ligne sera nécessairement parallèle à la première (*Géom.*) La question admet une infinité de solutions.

83. *Deux droites étant données, faire passer par l'une d'elles un plan parallèle à l'autre.*

Par un point quelconque m de la ligne bb' (*fig.* 76), on fera passer une ligne cc' parallèle à la droite aa'; puis, construisant (55) le plan qui contiendra les deux droites (bb'), (cc'), on aura satisfait à la question. En effet, les lignes aa', cc' étant parallèles, tout plan contenant l'une d'elles sera parallèle à l'autre. (*Géom.*)

PERPENDICULARITÉ DES LIGNES ET DES PLANS.

84. *Lorsqu'une ligne droite est perpendiculaire à un plan, les projections de cette ligne sont perpendiculaires sur les traces du plan.*

En effet, soit (*fig.* 77, *Pl.* 11) la droite AB perpendiculaire sur le plan P; représentons le plan de projection par P', et par P'' le plan projetant la droite; alors *ac* sera la projection de cette droite, et *bc* sera la trace du plan P. Or, le plan P'', comme plan projetant, est nécessairement perpendiculaire sur le plan de projection P'; de plus, il est perpendiculaire sur le plan P, puisqu'il contient la droite AB, qui, d'après la question, est perpendiculaire à ce plan. Il résulte donc de là que le plan P'' étant perpendiculaire en même temps sur le plan P et sur le plan de projection P', sera perpendiculaire à leur intersection *bc*, qui n'est autre chose que la trace du plan P; et réciproquement, cette ligne *bc* sera perpendiculaire au plan P'', et par conséquent à toute ligne telle que *ac* qui passerait par son pied dans ce plan : ce qu'il fallait démontrer.

85. Réciproquement (*fig.* 78), *si par les projections* a, a' *d'un point, on mène deux droites perpendiculaires aux traces d'un plan* p, *on pourra regarder ces lignes comme étant les projections d'une droite située dans l'espace, perpendiculairement au plan* p; car les deux plans projetant *p'* et *p''* étant perpendiculaires sur les traces du plan *p*, seront tous deux perpendiculaires à ce plan (*Géom.*), et par conséquent la ligne *ab*, *a'b'*, qui est leur intersection, sera aussi perpendiculaire au plan *p*.

86. *Donc, pour exprimer qu'une ligne est perpendiculaire à un plan, ou réciproquement, il faut faire en sorte que les projections de la ligne soient perpendiculaires sur les traces du plan* (fig. 78).

87. *Mesurer la distance d'un point à un plan.*

On fera passer (*fig.* 79) par le point une ligne (*ab*, *a'b'*) perpendiculaire au plan donné; on déterminera, par le moyen indiqué (70), le pied de cette perpendiculaire, puis on fera la construction (35) nécessaire pour obtenir la véritable grandeur *a*B de la portion de cette perpendiculaire comprise entre le point et le plan donnés.

88. Dans la *figure* 80, le plan donné est parallèle à la ligne

de terre, et la ligne ab, $a'b'$, qui mesure la distance du point a au plan, se trouve rabattue en $a''b''$ suivant sa véritable grandeur.

89. *Mesurer la distance de deux plans parallèles.*

On construira (*fig.* 81) une ligne quelconque (ab, $a'b'$), perpendiculaire à ces plans; on cherchera (70) l'intersection de cette ligne avec chacun d'eux, puis on mesurera (35) la véritable longueur aB de la portion de perpendiculaire comprise entre les deux plans donnés.

On pourrait encore commencer par prendre un point *quelconque* situé dans l'un des deux plans (41), puis mesurer la distance de ce point à l'autre plan, en opérant comme dans la question qui précède.

90. Dans la *fig.* 82, les plans donnés sont parallèles à la ligne de terre, et leur distance se trouve projetée en $a''b''$, suivant sa véritable longueur.

91. *Étant donnés un plan et un point, construire par le point un plan perpendiculaire au premier.*

Soient (*fig.* 83, *Pl.* 12) le plan p et le point aa'; on fera passer par le point une droite perpendiculaire au plan p, puis on construira (51) autant de plans que l'on voudra contenant cette droite; tous ces plans seront perpendiculaires au plan donné. En effet, on sait (*Géom.*) que si une droite est perpendiculaire à un plan, tout plan contenant cette droite sera aussi perpendiculaire au plan.

Nous reconnaissons, par le résultat de cette question, qu'on ne peut pas, à l'aspect d'une épure, voir si deux plans sont perpendiculaires l'un à l'autre, et que l'angle suivant lequel se coupent les deux traces n'apprend rien à cet égard. Mais si l'on voulait mettre en évidence la perpendicularité de deux plans, on prendrait un point de leur intersection (59); puis après avoir mené par ce point une perpendiculaire à l'un des plans (85), on ferait les constructions nécessaires pour reconnaître si elle est contenue dans l'autre plan (48).

92. *Étant donnés un plan et une droite, construire par cette droite un second plan perpendiculaire au premier.*

Soient (*fig.* 84) le plan p et la droite aa'; on prendra sur la droite un point quelconque mm', puis après avoir mené par ce point une droite bb' perpendiculaire au plan donné, il n'y aura plus qu'à construire (55) un plan qui contienne ces deux droites; car il est évident qu'il sera perpendiculaire au plan donné, puisqu'il contiendra une droite bb' perpendiculaire à ce plan.

93. Nous avons vu (85) que *pour exprimer qu'un plan est perpendiculaire sur une droite, il faut mener les traces du plan perpendiculaire sur les projections de la droite.* D'après cela,

94. *Par un point donné, faire passer un plan perpendiculaire à une droite donnée.*

Soient (*fig.* 85) aa' la droite donnée, et bb' le point donné; on mènera bd perpendiculaire à la projection verticale de la droite donnée. Cette ligne, considérée comme génératrice du plan demandé, aura pour projection horizontale $b'd'$, et son pied d' appartiendra à la trace horizontale du plan cherché; alors on pourra construire cette trace perpendiculairement à la projection horizontale de la ligne donnée, et par suite la trace verticale.

On aurait pu commencer par chercher un point de la trace verticale.

95. *Par un point pris sur une droite, mener des perpendiculaires à cette droite.*

Étant donnée (*fig.* 86) la droite ab, on veut par le point b mener des perpendiculaires à cette droite; on mènera par le point b un plan p perpendiculaire à la droite donnée, puis on fera passer par le point des droites situées dans le plan (49); toutes ces droites seront perpendiculaires sur la droite donnée. (*Géom.*)

96. On voit, par la solution de ce problème, que lorsque deux droites sont perpendiculaires entre elles, leurs projections ne sont pas pour cela perpendiculaires; de sorte que

si l'on avait les projections de deux droites, et que l'on voulût savoir si elles sont perpendiculaires entre elles, il faudrait voir si, parmi tous les plans que l'on peut faire passer par l'une d'elles (51), il peut y en avoir un dont les traces seraient perpendiculaires sur les projections de l'autre ligne.

97. *Mesurer la distance d'un point à une droite.*

Il est évident qu'il faut d'abord obtenir la perpendiculaire abaissée du point sur la droite donnée; pour cela, représentons (*fig.* 87) par aa' le point donné, et par bb' la droite donnée; on mènera par le point aa' un plan p perpendiculaire sur la droite, on déterminera (70) l'intersection de la droite avec ce plan, ce qui donnera en c le pied de la perpendiculaire; puis joignant ce point avec le point donné, on aura la perpendiculaire abaissée du point aa' sur la droite donnée: il n'y aura plus qu'à chercher la véritable grandeur aC de cette perpendiculaire par le moyen indiqué (35).

98. *Mesurer la distance de deux droites parallèles.*

Soient aa', bb' (*fig.* 88) les deux droites données; on construira le plan p perpendiculaire sur ces droites, on déterminera (70) le point cc' suivant lequel ce plan coupe la droite aa'. On obtiendra de la même manière le point dd', intersection du même plan avec la droite bb'; puis, joignant cd, $c'd'$, on aura une perpendiculaire aux deux parallèles données; car ces deux lignes étant toutes deux perpendiculaires à un même plan p, seront aussi toutes deux perpendiculaires à la droite qui joint leurs pieds dans ce plan. Il n'y a plus qu'à chercher (35) la véritable grandeur Cd de la perpendiculaire commune.

Parmi les problèmes que nous venons de résoudre, les plus remarquables sont ceux qui résultent de la combinaison de deux plans, de deux lignes, ou d'une ligne avec un plan.

Je rappellerai que l'inspection de l'épure suffit pour faire reconnaître le parallélisme de deux plans ou de deux lignes, tandis que l'on ne peut s'assurer que par une construction du parallélisme d'une ligne avec un plan.

Le contraire a lieu pour la perpendicularité, car, lorsqu'une ligne est perpendiculaire à un plan ou réciproquement, les projections de la ligne sont perpendiculaires sur les traces du plan, au lieu que la perpendicularité de deux plans ou de deux lignes ne peut être reconnue que par une construction, puisque cette perpendicularité est indépendante de l'angle que font les traces des deux plans ou les projections des deux lignes que l'on compare.

99. *Mesurer la distance de deux droites quelconques.*

Soient, par exemple (*fig.* 89, *pl.* 13), les deux droites A et B, en un point M pris arbitrairement sur B, on mènera une ligne C parallèle à la droite A; par les deux lignes B et C on construira un plan P (55). Ce plan sera parallèle à la droite A (83); on prendra ensuite sur la droite A un point quelconque N, et l'on abaissera de ce point une ligne ND perpendiculaire au plan P (86); puis quand on aura déterminé en D le pied de cette perpendiculaire, on la fera mouvoir parallèlement à elle-même jusqu'à ce qu'elle soit venue prendre la position KS. Je dis qu'alors elle sera perpendiculaire sur les deux droites données. En effet, KS étant parallèle à ND, sera, comme cette dernière ligne, perpendiculaire au plan P, et par conséquent, à la droite SB qui passe par son pied dans ce plan; de plus, elle sera perpendiculaire à la droite AK qui est parallèle au même plan (*Géom.*). Quand on a obtenu la ligne KS perpendiculaire sur les deux droites données, il ne reste plus qu'à en chercher la véritable grandeur (35).

L'épure (90) représente les constructions que l'on n'avait qu'indiquées dans la figure 89. Pour obtenir le résultat, il suffit d'exécuter ces constructions dans l'ordre suivant lequel on vient de les énoncer, en faisant pour cela usage des principes établis précédemment.

Pour plus de clarté, j'ai eu soin d'employer les mêmes lettres dans l'épure 90 et dans la figure auxiliaire 89, pour désigner les mêmes points ou les mêmes lignes, seulement la ligne A est représentée sur l'épure par celle dont les projections sont aa', et ainsi pour les autres.

100. *Trouver le centre et le rayon de la sphère dont la surface passerait par quatre points donnés.*

Le centre d'une sphère étant à égale distance de tous les points de sa surface. Il est évident (*Géom.*) que si l'on joint par une ligne droite deux points de cette surface, et que par le milieu de cette droite on mène un plan qui lui soit perpendiculaire, ce plan passera par le centre. D'après cela : étant donnés (*fig.* 91) quatre points aa', bb', cc', dd', on joindra le point a avec le point b, puis, par le point vv', milieu de la corde ab, on mènera (94) un plan p perpendiculaire à cette corde : ce plan contiendra le centre de la sphère demandée, de même par le point zz', milieu de la corde bc, on mènera un plan p' perpendiculaire à cette corde, ce plan passera encore par le centre, enfin par le point uu', milieu de cd ; on mènera un troisième plan perpendiculaire à cette corde, et qui, par conséquent, contiendra aussi le centre de la sphère.

On aura par ce moyen trois plans contenant le centre de la sphère demandée. Cherchant (68) le point commun à ces trois plans, on aura le centre de cette sphère. Je représenterai comme il suit l'ordre des constructions :

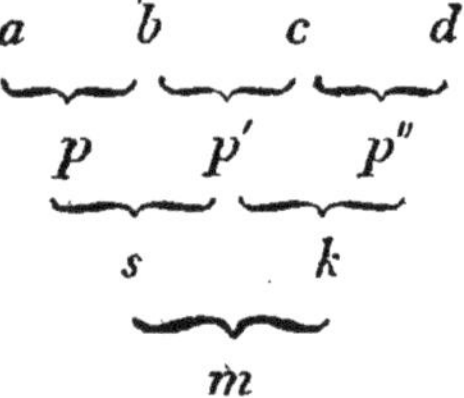

Après avoir obtenu le point m, qui représente le centre de la sphère, on joindra ce point avec un quelconque des points donnés qui d'après la question appartiennent à la surface, et la droite am, $a'm'$, sera le rayon de la sphère. Cherchant enfin (35) la véritable longueur de ce rayon, on obtiendra la ligne A*m* avec laquelle, des points *m* et *m'* comme centres, on décrira deux cercles qui seront les projections verticale et horizontale de la sphère.

Il serait bon, avant de décrire les deux cercles dont je viens de parler, de s'assurer de l'exactitude des constructions. Pour cela, on joindrait le point *m* avec chacun des quatre points donnés, ce qui donnerait quatre rayons, dont on chercherait la véritable longueur : et si ces longueurs étaient égales, ce serait une preuve suffisante que le point obtenu est à égale distance des quatre points donnés, et que, par conséquent, il est le centre de la sphère qui passerait par ces quatre points.

Pour déterminer le point *m*, nous avons fait usage des plans perpendiculaires sur les milieux des trois cordes *ab*, *bc*, *cd*; mais si ces plans n'étaient pas commodément placés pour l'exécution de l'épure, il serait facile d'en trouver d'autres. En effet, si l'on joint par des droites et de toutes les manières possibles, les quatre points donnés, on aura six cordes *ab*, *ac*, *ad*, *bc*, *bd*, *cd*. Or, si par les milieux de chacune de ces six cordes on mène des plans qui leur soient perpendiculaires, on obtiendra six plans passant par le centre de la sphère cherchée, et comme trois de ces plans suffisent, on choisira ceux qui donneront les constructions les plus simples.

Si les quatre points étaient dans un même plan, les cordes qui joindraient ces points seraient aussi contenues dans ce plan. Les plans menés perpendiculairement à ces cordes seraient, ainsi que leurs intersections, perpendiculaires au plan qui contiendrait les points donnés. Le centre de la sphère serait infiniment loin, et cette sphère ayant un rayon infiniment grand, sa surface se confondrait avec le plan passant par les points donnés.

Enfin, si ces quatre points étant dans un même plan, se trouvaient situés sur la circonférence d'un cercle, on le reconnaîtrait, parce que les plans perpendiculaires sur les milieux des cordes passeraient tous par une même droite perpendiculaire au plan de ce cercle, et qui en contiendrait le centre ; de sorte que le problème serait indéterminé, et que l'on pourrait prendre tel point de cette droite que l'on voudrait pour centre de la sphère demandée, et pour rayon la distance de ce point à l'un des points donnés.

On voit que dans ce cas le rayon pourrait être aussi grand que l'on voudrait, mais qu'il ne pourrait pas être plus petit que celui du cercle qui passerait par les points donnés.

101. Nous avons résolu la question précédente d'une manière générale, mais assez souvent sans rien changer aux données d'une question ; on peut, par quelques considérations particulières, en rendre la solution plus simple.

En effet, nous n'avons donné à nos plans de projection les noms de plan horizontal et de plan vertical, que parce que souvent, dans les applications, l'un de ces plans représente la terre ou un plan qui lui est parallèle ; mais il ne faut pas en conclure que cela doive toujours être ainsi, et que l'on ne puisse pas s'écarter de cette convention.

Il est certain que pourvu que l'on ne change rien aux données d'une question, il n'y aura rien non plus de changé dans le résultat, et que, par conséquent, l'on doit rester le maître de choisir le système de plan de projection que l'on jugera le plus favorable à l'exécution de l'épure ; on peut même dire que si le but de la théorie est de généraliser les idées en dégageant les questions principales de toutes les circonstances particulières, l'art du praticien, au contraire, consiste à profiter de ces mêmes circonstances pour résoudre le cas particulier dont il s'occupe, de la manière la plus simple.

102. Ainsi, dans le problème précédent, on conçoit que, sans rien changer à la position relative des quatre points donnés, on peut prendre (*fig.* 92) pour l'un des plans de projection, celui qui contiendrait trois de ces points, a, b, c, par exemple, et pour second plan de projection, un plan perpendiculaire au premier et parallèle à la droite cd, qui joindrait l'un des trois premiers points avec le quatrième. Par ce moyen, les deux plans p et p' se couperont suivant une droite s per-

pendiculaire au plan *abc*, et le troisième plan p'' étant perpendiculaire au second plan de projection, sera percé par la droite *s* en un point *mm'* qui sera le centre de la sphère. Quant au rayon (*am*, *a'm'*), on en cherchera la véritable longueur par le moyen connu (35).

103. Ces moyens, que nous emploierons fréquemment par la suite, correspondent au problème connu dans l'analyse algébrique sous le nom de *tranformation de coordonnées* : là, comme ici, le choix des axes ou des plans coordonnés est une des parties les plus importantes de la solution des problèmes.

CHAPITRE III.

LES ANGLES.

Angles des lignes.

104. *Étant donné* (fig. 93, pl. 14) *les projections de deux droites* (aa', bb'), *on demande de construire l'angle que ces deux droites font entre elles.*

On sait (37) qu'une figure plane est projetée suivant sa véritable grandeur lorsqu'elle est parallèlle au plan de projection ; d'après cela, on cherchera d'abord les points (*cc'*, *dd'*) où les droites données vont percer le plan horizontal ; puis, prenant la droite *c'd'* pour charnière, on fera tourner le plan des deux droites données autour de cette ligne, jusqu'à ce qu'il soit rabattu sur le plan horizontal de projection. Dans ce mouvement, le sommet de l'angle que les droites font entre elles décrira un cercle dont le centre sera placé en *uu'* sur la charnière du rabattement. Le plan de ce cercle étant vertical, il aura pour projection horizontale la droite *u's's''*, et pour rayon la véritable grandeur de *su*. On cherchera (35) cette longueur représentée sur l'épure par la ligne *su''*, et on la portera de *u'* en *s''*; ce qui donnera la position que le sommet de l'angle viendra prendre sur le plan horizontal. Enfin, si l'on joint le point s'' avec c' et d', on aura l'angle demandé $c's''d'$ rabattu sur le plan horizontal.

On voit que la projection verticale du point u n'est pas nécessaire à la construction de l'épure.

La construction précédente nous a donné l'angle aigu que les deux droites font entre elles ; si l'on voulait avoir l'angle obtus, il suffirait de prolonger un des côtés de l'angle obtenu.

Si les points c', d', étaient hors des limites de l'épure, on pourrait faire le rabattement autour de toute autre ligne horizontale, telle que *eo*, située dans le plan des deux lignes données.

On pourrait encore, si cela était plus commode, prendre pour charnière une ligne parallèle au plan vertical ; dans ce cas, on ferait tourner le plan de l'angle jusqu'à ce qu'il soit parallèle au plan vertical de projection.

105. En général, lorsqu'on veut faire ainsi tourner une figure plane pour la ramener parallèlement à l'un des plans de projection, il faut prendre d'abord pour charnière une ligne qui soit dans le plan de cette figure et parallèle au plan sur lequel on veut obtenir la véritable grandeur de la figure que l'on rabat.

106. Si l'on pouvait prendre pour charnière d'un rabattement une ligne perpendiculaire à l'un des plans de projection, cela vaudrait encore mieux, car, dans ce cas, les cercles décrits par chacun des points de la figure que l'on ferait tourner, seraient parallèles à l'un des plans de projection et perpendiculaires à l'autre ; de sorte que les mouvemens de ces points seraient représentés par des arcs de cercle sur le premier de ces deux plans, et sur le second, par des droites parallèles à la ligne de terre.

107. Dans la figure 94, on a cherché l'angle formé par les lignes *aa'* et *bb'*, mais comme la première de ces lignes était

parallèle au plan horizontal, il était naturel de la prendre pour charnière du rabattement. On a pris sur la droite bb' un point quelconque mm'; puis, après avoir cherché la véritable distance mu de ce point à la charnière, on a porté cette distance de u' en m'', ce qui a donné la position du point m rabattu sur le plan horizontal qui contient la ligne aa', joignant enfin m'' avec s', on a obtenu $m''s'u'$ pour la grandeur de l'angle cherché.

108. Dans la figure 95, l'un des côtés de l'angle cherché est vertical. Prenant ce côté aa' pour charnière, on a fait tourner le plan des deux droites jusqu'à ce qu'il soit arrivé dans la position $a'u'$. Alors il se trouve projeté en asu, selon sa véritable grandeur.

109. Dans les exemples précédens, nous avons supposé que les droites données se coupaient; mais dans la Géométrie descriptive comme dans l'analyse algébrique, on considère l'inclinaison de deux droites indépendamment de leur intersection. D'après cela, si l'on demandait *de construire l'angle que font entre elles deux droites qui ne se coupent pas*, on prendrait un point quelconque sur l'une d'elles, puis, après avoir mené par ce point une parallèle à l'autre, l'angle que l'on formerait par ce moyen représenterait l'inclinaison des deux lignes données; on chercherait sa grandeur par la construction précédente.

110. *Partager en deux parties égales l'angle que deux droites font entre elles.*

Soit (*fig.* 96) les deux droites (aa', bb'); on prendra la droite (cd, $c'd'$) pour charnière, et l'on fera tourner l'angle jusqu'à ce qu'il soit rabattu sur le plan horizontal en $c's''d'$. Dans cette position qui donne la véritable grandeur, on le partagera en deux parties égales (*Géom.*) par la droite $s''v'$; mais cette ligne, qui doit être dans le plan de l'angle, est encore rabattue sur le plan horizontal, il reste donc à la ramener à sa place. Or le point où cette droite coupe la charnière du rabattement ne devant pas bouger, il suffira de concevoir le point s'' revenu à sa position s', ce qui donnera $s'v'$ pour la projection horizontale de la droite demandée. Le point v' appartenant à la charnière fait partie du plan horizontal, et, par conséquent, se projettera en v sur la ligne de terre menant sv, on aura la projection verticale de la même ligne.

Nous avons partagé en deux parties égales l'angle aigu formé par les deux droites données. On trouverait de la même manière les projections (su, $s'u'$) de la droite qui partagerait l'angle obtus.

111. On conçoit qu'il faudrait opérer de la même manière si au lieu de partager l'angle donné en parties égales, on voulait le partager dans un autre rapport; ou bien encore si l'on voulait, dans un plan donné, construire une droite faisant un angle donné avec une autre ligne de ce plan.

Angles des lignes et des plans.

112. *Construire l'angle qu'une droite fait avec un plan.*

On sait (*Géom.*) que l'angle d'une droite avec un plan se mesure par l'angle que cette droite fait avec sa projection sur ce plan.

Ainsi l'angle que la droite AC (*fig.* 97) fait avec le plan P aurait pour mesure ACB ou son égal CSD; mais pour éviter la construction de la ligne CB ou de sa parallèle SD, on remarquera que l'angle demandé CSD est le complément de l'angle que la ligne donnée ferait avec la ligne SB perpendiculaire au plan P, d'où résulte la construction qui suit. On prendra (*fig.* 98) sur la droite (aa'), un point quelconque (ss'); on abaissera de ce point la ligne (sb, $s'b'$) perpendiculaire au plan donné; puis, après avoir rabattu en s'' l'angle que ces droites (sa, $s'a'$), (sb, $s'b'$) font entre elles, on en prendra le complément.

113. *Construire les angles qu'une droite fait avec les plans de projection.*

Soit la droite donnée (ab, $a'b'$) (*fig.* 99); l'angle que cette droite fait avec le plan horizontal est situé dans le plan vertical qui contient cette droite et sa projection. Prenant pour charnière la verticale au, on fera tourner ce plan jusqu'à ce que le sommet (bb') de l'angle cherché soit arrivé au point cc'. Alors cet angle étant parallèle au plan vertical, sera projeté en acu, selon sa véritable grandeur.

Le plan de l'angle formé par la droite avec le plan vertical contenant cette droite et sa projection verticale ab, on le fera tourner autour de l'horizontale $b'v'$, jusqu'à ce que le sommet (aa') soit venu se placer en dd'; ce qui donnera $b'd'v'$ pour la véritable grandeur de l'angle avec le plan vertical.

114. Si la droite donnée (ab, $a'b'$) (*fig.* 100) était perpendiculaire à la ligne de terre, un même plan contiendrait les deux angles que cette droite ferait avec les plans de projection, et le rabattement de ce plan sur le plan vertical donnerait en même temps ces deux angles, dont l'un aurait le sommet en a et l'autre en c.

On pourrait les rabattre sur le plan horizontal.

115. *Construire une droite qui fasse des angles donnés avec les plans de projection.*

Représentons (*fig.* 101) par v l'angle que la droite demandée doit faire avec le plan vertical, et par h l'angle de cette même droite avec le plan horizontal. On construira en a l'angle h au-dessus de la ligne de terre, et l'angle v au-dessous, puis on prendra deux distances égales ac, ad'.

Supposons que ac soit la ligne demandée rabattue sur le plan vertical; si nous ramenons cette droite à la place qu'elle doit occuper dans l'espace, en la faisant tourner autour du point a, de manière qu'elle fasse toujours le même angle avec le plan horizontal, le point c décrira un cercle horizontal (cb, $c'b'$). Si, de plus, nous regardons ad' comme le rabattement de la même droite sur le plan horizontal, en ramenant cette ligne à sa place, le point d décrira un cercle (db, $d'b'$) parallèle au plan vertical. Or, les points cc' et dd' qui appartiennent tous deux à la droite demandée étant à égale distance du point a, ne doivent faire qu'un seul et même point, et comme ce point doit se trouver en même temps sur les deux cercles dont nous venons de parler, il sera au point bb' où ces deux cercles se coupent, de sorte que (ab , $a'b'$) sont les deux projections de la droite cherchée.

On est assuré que les cercles se coupent, parce que les points b et b' sont sur une même perpendiculaire à la ligne de terre.

Si la somme des deux angles donnés était égale à un angle droit, les deux cercles se toucheraient au lieu de se couper, et la droite demandée serait perpendiculaire à la ligne de terre.

Enfin, si la somme de ces angles était plus grande qu'un angle droit, les deux cercles n'auraient pas de point commun, et le problème serait impossible. En effet, si l'on place une droite quelconque dans le plan vertical, et si, en partant de cette position, on la fait tourner de manière qu'elle fasse toujours le même angle avec le plan horizontal, on conçoit que l'angle avec le plan vertical, qui d'abord était nul, augmentera jusqu'à ce que la droite soit venue se placer dans un plan perpendiculaire à la ligne de terre. Alors la somme des deux angles vaudra un angle droit et aura atteint son *maximum ;* car il est évident que si l'on continue à faire tourner la droite, l'angle avec le plan vertical diminuera de nouveau, jusqu'à ce qu'il devienne nul comme il l'était avant que l'on eût commencé à faire mouvoir la droite.

Si l'on prolongeait les projections verticales et horizontales des deux cercles, on aurait, à gauche du point a, un second point d'intersection, et par suite une seconde position de la droite demandée. Nommons (ac , $a'c'$) les projections de cette seconde droite, et supposons, pour mieux fixer les idées, que l'on ait transporté le point a hors de la ligne de terre, comme on le voit (*fig.* 102); il sera facile de s'assurer (113) que les quatre droites (ac , $a'c'$), (ac, $a'c''$), (ab, $a'b'$), (ab, $a'b''$), satisfont toutes les quatre aux conditions demandées. Ces droites sont les arètes d'une pyramide quadrangulaire qui aurait pour base le rectangle $c'c''b''b'$, et pour sommet le point aa'.

Si l'on demandait que la droite passât par un point donné, il est évident qu'après avoir fait la construction précédente, il n'y aurait plus qu'à mener par ce point des parallèles aux lignes que l'on aurait obtenues.

Angles des plans.

116. *Construire l'angle que deux plans font entre eux.*

On sait (*Géom.*) que pour avoir l'angle de deux plans il faut mesurer l'angle que font entre elles deux droites menées dans chacun de ces plans, perpendiculairement à un même point de leur intersection.

Soit (*fig.* 103, *Pl.* 15) les deux plans p et p'; on construira (59) la projection horizontale $v'h'$ de l'intersection de ces deux plans, puis on mènera perpendiculairement à cette ligne la droite p'' qui représentera la trace horizontale du plan dans lequel se trouve l'angle que l'on cherche. Si l'on fait tourner ce plan autour de sa trace p'' pour le rabattre sur le plan horizontal, le sommet de l'angle faisant partie de l'intersection des deux plans se meut dans le plan vertical $vv'h'$, et ne peut, par conséquent, se rabattre que sur la ligne $v'h'$. Il ne reste donc plus qu'à connaître sa distance à la ligne p'' que l'on prend ici pour charnière du rabattement : pour cela, faisons tourner le plan $vv'h'$ autour de la trace verticale vv'. L'intersection des deux plans donnés viendra prendre, dans le plan vertical, la position vh; le point u', qui représente le pied de la perpendiculaire abaissée du sommet de l'angle demandé sur la ligne p'', se rabattra en u, et abaissant du point u une perpendiculaire sur vh, cette perpendiculaire représentera le plan de l'angle cherché et donnera en même temps la distance du sommet de cet angle à la ligne p''; de sorte qu'en portant cette longueur su de u' en s'', on aura $as''b$ pour l'angle demandé rabattu sur le plan horizontal.

Par cette construction, nous avons évité de construire la

projection de l'angle cherché dont on ne demandait que la véritable grandeur.

On pourrait rabattre le plan vertical $vv'h'$ sur le plan horizontal. Dans ce cas, l'intersection des deux plans serait représentée par $v''h'$, et le sommet de l'angle cherché par s'.

On pourrait encore, si cela était plus commode, faire sur le plan vertical toutes les constructions que nous avons faites sur le plan horizontal.

117. Dans la figure 104, les traces horizontales des plans donnés se coupent derrière le plan vertical; cela ne change rien à l'ordre des constructions, qui sont seulement disposées dans un autre sens. L'intersection des deux plans est rabattue sur le plan horizontal en $v''h'$.

118. Dans la figure 105, l'un des plans donnés est parallèle à la ligne de terre.

119. Dans la figure 106, les deux plans donnés, et par conséquent leur intersection, sont parallèles à la ligne de terre; l'angle demandé est compris dans un plan p'' perpendiculaire aux deux plans de projection, et se trouve rabattu en s'' suivant sa véritable grandeur.

120. Dans la figure 107, l'intersection des plans donnés est parallèle au plan horizontal, mais cela ne change rien à la manière d'opérer.

121. On peut encore trouver l'angle de deux plans d'une autre manière.

Il est facile de s'assurer (*Géom.*) que deux plans étant donnés, si d'un point pris où l'on voudra dans l'espace, on abaisse des perpendiculaires sur ces plans, l'angle que ces perpendiculaires feront entre elles sera le même que l'angle des deux plans. D'après cela, étant donnés les deux plans p et p' (*fig.* 108), on prendra sur leur intersection un point quelconque ss', et après avoir mené (86) par ce point des perpendiculaires (aa', bb') aux deux plans donnés, on cherchera (105) l'angle que ces deux droites feront entre elles.

On pourrait prendre le point (ss') partout ailleurs que sur l'intersection des plans donnés.

122. *Construire l'angle qu'un plan donné fait avec les plans de projection.*

L'angle que le plan p (*fig.* 109, 110, *Pl.* 16) fait avec le plan horizontal, étant situé dans le plan vertical p', on fera tourner ce plan autour de sa trace verticale jusqu'à ce que le point s, sommet de l'angle cherché, soit venu se placer en s' sur la ligne de terre; ce qui donnera l'angle h pour l'inclinaison avec le plan horizontal.

De même, l'angle que le plan donné fait avec le plan vertical étant situé dans le plan p'', son sommet u se rabattra en u', et l'angle v représentera l'inclinaison avec le plan vertical.

123. *Construire un plan faisant des angles donnés avec les plans de projection.*

On sait (*Géom.*) que si une droite et un plan sont perpendiculaires l'un à l'autre, les angles que cette droite et ce plan feront avec un autre plan, seront complémens l'un de l'autre; d'après cela, si l'on voulait construire un plan faisant avec les plans de projection des angles représentés (*fig.* 111) par h et par v, on construirait d'abord (115) la droite (aa') faisant avec les plans de projection des angles h' et v', complémens des angles donnés, puis on mènerait (*fig.* 112) un plan p perpendiculaire sur cette droite.

Si le plan devait être assujetti à passer par un point donné (m, m'), on emploierait la construction (94).

Nous avons vu (115) que par un point donné on pouvait faire passer quatre droites faisant, avec les plans de projection, des angles donnés; il en résulte que l'on pourra pareillement faire passer par un point quatre plans faisant, avec les plans de projection, des angles donnés (h, v). Ces plans sont représentés (*fig.* 112) par p, p', p'', p'''; ils forment les quatre faces d'une pyramide quadrangulaire dont la section horizontale serait le losange $abcd$.

124. Nous avons vu encore (115) que la somme des angles qu'une droite fait avec les plans de projection ne peut jamais être plus grande qu'un angle droit. Ainsi, dans l'exemple présent, $v' + h'$ ne pouvant pas valoir plus d'un angle droit, la somme de leurs complémens $v + h$ ne peut pas être plus petite qu'un angle droit. Donc, pour que le problème que nous venons de résoudre soit possible, il faut que la somme des angles donnés soit plus grande, ou au moins égale à un angle droit : dans ce dernier cas, le plan cherché serait parallèle à la ligne de terre.

125. *Construire un plan passant par l'intersection de deux plans donnés, et qui partage l'angle qu'ils font entre eux en parties égales.*

Le plan demandé devant contenir la ligne $(vh, v'h')$ (*fig.* 113) qui représente l'intersection des deux plans donnés, sa trace horizontale doit passer par h', et sa trace verticale par v (51). Il ne reste donc qu'à trouver un second point de l'une de ces traces : pour cela, on rabattra sur le plan horizontal l'angle *asb* que les deux plans donnés font entre eux, et l'on construira la droite *su* qui partage cet angle en deux parties égales. Le point *u* où cette droite perce le plan horizontal appartiendra à la trace horizontale du plan cherché (51). Après avoir construit cette trace $h'u$, on fera passer la trace verticale par le point v, et l'on aura satisfait à la question.

En effet, les trois droites *sa*, *su*, *sb*, étant situées dans le plan p'' perpendiculaire à l'intersection commune des trois plans p, p', p''', les angles que ces lignes font entre elles mesurent les inclinaisons de ces trois plans (116); et puisque *su* partage l'angle *sab* en deux parties égales, le plan p''', qui contient *su*, partagera l'angle des deux autres plans aussi en parties égales.

Il est bon de remarquer que l'on n'a pas ramené la ligne *su* à sa place, parce qu'il suffisait (51) d'avoir le point où cette ligne perce le plan horizontal.

Nous avons partagé en deux parties égales l'angle obtus

formé par les deux plans donnés; on opérerait de la même manière pour obtenir le plan p^{IV} qui partage l'angle aigu en deux parties égales.

126. Les mêmes moyens seraient employés si l'on voulait partager l'angle de deux plans suivant tout autre rapport.

127. *Étant donné un plan et une droite située dans ce plan, on veut faire passer par cette droite un second plan faisant avec le premier un angle donné.*

Soit (*fig.* 114) le plan donné p, la droite donnée (vh, $v'h'$) et l'angle donné A.

Le plan demandé devant contenir la droite (vh, $v'h'$), sa trace verticale passera par le point v, et sa trace horizontale par h'. Pour avoir un autre point de cette dernière trace, on construira le plan p'' perpendiculaire sur la ligne donnée, qui doit être l'intersection du plan donné avec celui que l'on cherche, et après avoir rabattu sur le plan horizontal la ligne *sa* provenant de l'intersection du plan donné par le plan p'', on construira l'angle *asu* égal à l'angle donné A, et le point u sera un point de la trace horizontale du plan cherché. En effet, si l'on compare cette construction avec celle indiquée (126), il est facile de reconnaître que l'angle *asu* égal à A mesure l'inclinaison des plans p et p'.

En construisant l'angle *aso*, on obtiendrait en o un point de la trace horizontale d'un plan qui satisferait pareillement aux conditions demandées.

128. *Trouver le centre et le rayon d'une sphère dont la surface serait tangente à quatre plans donnés.*

Il est évident que cela revient à trouver un point également éloigné de ces quatre plans. Or, si par l'intersection de deux plans on en mène un troisième qui partage l'angle des deux premiers en parties égales, il est certain (*Géom.*) que tous les points de ce plan seront à égale distance des deux premiers, d'où résulte la construction suivante.

Soit p, p', p'', p''' (*fig.* 115, *Pl.* 17), les quatre plans donnés. On construira un plan p^{IV} qui partage en deux parties égales l'angle des plans p et p' (125). Ce plan contiendra le centre de la sphère cherchée ; on construira de la même manière le plan p^{V} qui partage en deux parties égales l'angle des plans p' et p''. Enfin le plan p^{VI} qui partage en deux parties égales l'angle des plans p'' et p''' contiendra encore le point cherché que l'on obtiendra en cherchant l'intersection des trois plans p^{IV}, p^{V}, p^{VI} (68) ; quand on aura obtenu en (mm') le centre de la sphère, on abaissera de ce point une perpendiculaire sur l'un des plans donnés, et après avoir obtenu le pied de cette perpendiculaire, on en mesurera la longueur (87); ce qui donnera le rayon avec lequel des points (m,m') comme centres; on décrira deux cercles qui seront les projections verticale et horizontale de la sphère demandée. Je représenterai l'ordre des constructions de la manière suivante :

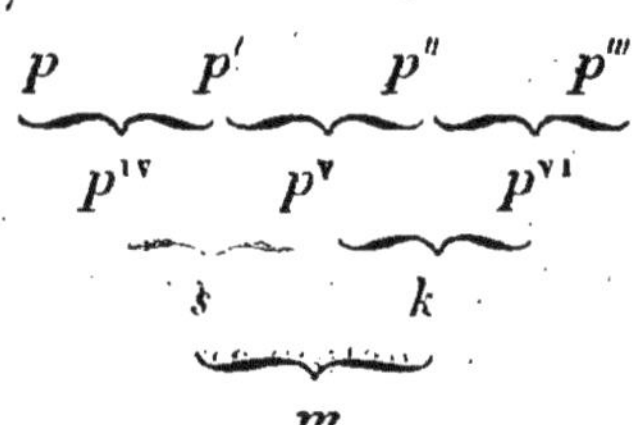

En combinant les quatre plans donnés deux à deux de toutes les manières possibles, on obtient six combinaisons pp', pp'', pp''', $p'p''$, $p'p'''$, $p''p'''$. Si l'on partage en parties égales les angles formés par chacune de ces combinaisons, on aura six plans qui contiendront le point cherché, et l'on choisira parmi ces six plans les trois qui donneront les constructions les plus simples.

Les quatre plans donnés forment, dans l'espace, une pyramide quadrangulaire, et en partageant comme nous l'avons fait (*fig.* 115) les angles dont l'ouverture est dirigée dans l'intérieur de la pyramide, nous avons obtenu la sphère inscrite; mais si nous avions partagé les angles extérieurs en parties égales par des plans, les intersections de ces plans auraient encore donné quatre points que l'on pourrait prendre pour les centres d'autant de sphères tangentes aux plans donnés, chacune de ces sphères toucherait en dehors l'une des faces de la pyramide, et les prolongemens des trois autres faces. Il y aurait donc en tout cinq solutions.

La question que nous venons de résoudre a beaucoup d'analogie avec le problème de géométrie plane, dans lequel on inscrit un cercle dans un triangle; là on partage les angles du triangle, et ici les angles de la pyramide, en parties égales.

129. En proposant cette question comme exercice, j'ai cru devoir placer les plans donnés dans une position quelconque; mais on pourrait, par un choix convenable de plans coordonnés, en rendre la solution plus simple. En effet, nous l'avons déjà dit (101), pourvu que l'on ne change rien aux données de la question, on peut toujours choisir tels plans de projection que l'on voudra.

D'après cela, plaçons horizontalement (*fig.* 116, *Pl.* 18), l'un des quatre plans donnés; le plan p, par exemple, et prenons pour plan vertical de projection un plan perpendiculaire au plan p'; les lignes p'' et p''' seront les traces horizontales des deux autres plans donnés (s, s') étant le sommet de la pyramide formée par les quatre plans, p^{IV} sera le plan qui partage en deux parties égales l'angle des plans p et p', et sa trace verticale contiendra la projection verticale du centre de la sphère demandée. L'angle des plans p et p'', situé dans le plan vertical s' v', se rabattra en v, et la ligne vo qui partage cet angle en deux parties égales, rencontrera en o la ligne verticale qui contient le point (s, s'). L'angle des plans p et p''' projeté suivant s' u', se rabattra en u et sera partagé en deux parties égales par uh, qui rencontrera en h la même verticale s s'. Concevons maintenant un plan auxiliaire q, parallèle au plan vertical de projections : ce plan contiendra en a et o deux points du plan p^{v}, qui partage en deux parties égales, l'angle des deux plans p et p''; de sorte qu'il coupera ce plan suivant la droite ao. Par la même raison il coupera suivant bh le plan

p^{VI} qui partage l'angle des plans pp''' en parties égales ; de sorte qu'en joignant le point n, où les deux lignes ao et bh se coupent, avec le point c, intersection des traces horizontales des plans p'' et p''', qui sont les mêmes que celles des plans p^{V} et p^{VI}, on aura l'intersection de ces deux derniers plans; et le point (mm'), où cette intersection percera le plan p^{IV}, sera le centre de la sphère cherchée. Quant au rayon, il sera projeté en md suivant sa véritable grandeur.

130. *Par une droite donnée faire passer douze plans faisant entre eux deux angles égaux.*

Représentons la ligne donnée par (a, a') (*fig.* 117, *pl.* 18). On sait déjà (48) que les traces des douze plans demandés doivent passer par les traces de la droite donnée ; il ne reste donc plus qu'à déterminer un point de chacun de ces plans. Pour y parvenir, on construira un plan p'' perpendiculaire sur la ligne donnée (a, a'), qui doit être l'intersection commune de tous ces plans; puis, au moyen de la construction indiquée (116), on rabattra sur le plan horizontal, le point o, provenant de l'intersection de la ligne donnée par le plan p''. On mènera par le point o, ainsi rabattu sur le plan horizontal, douze lignes faisant entre elles des angles égaux, et le point où chacune de ces lignes ira couper la trace horizontale du plan p'' appartiendra à la trace horizontale de l'un des plans que l'on cherche; car il est évident (116) que ces douze lignes, passant par le point o dans le plan p'', sont perpendiculaires à la ligne donnee ; de sorte que les angles que ces lignes font entre elles mesurent les inclinaisons des douze plans qui les contiennent. On n'a pas cherché quelles seraient les projections de ces douze droites si on les ramenait à leur véritable position dans l'espace, parce qu'il suffisait (48) d'avoir les points où chacune de ces droites va percer le plan horizontal.

On n'a dû partager en douze parties égales que la moitié de la circonférence, parce que les prolongemens des rayons auraient déterminé les mêmes plans.

Nous ferons plus tard l'application de ce problème à la construction de toute espèce de cadrans solaires.

131. Dans un angle solide triangulaire on peut considérer les trois faces ou angles que les arêtes forment entre elles, et les trois angles d'inclinaison de ces faces.

Je me sers ici de l'expression *angle solide* pour me conformer à l'usage assez généralement adopté; mais on sait (*Géom.*) qu'il ne faut attacher à cette expression aucune idée de volume, et qu'il ne s'agit que de la combinaison de plusieurs plans qui passent par un même point. Je pense, au reste, que les expressions d'angles dièdre, trièdre ou polyèdre exprimeraient mieux l'idée que l'on doit se former de l'intersection de deux, trois, ou un plus grand nombre de plans.

132. *Etant donné trois quelconques des six angles qui composent un angle solide triangulaire, on demande de construire les trois autres.*

Cette question donne lieu à six problèmes. En effet, désignons par a, b, c les trois angles plans ou faces, et par A, B, C les angles dièdres ou d'inclinaison des faces entre elles. On peut avoir :

	Données.	Inconnues.
1°.	a, b, c,	A, B, C;
2°.	a, b, C,	c, A, B;
3°.	a, A, C,	b, c, B;
4°.	A, B, C,	a, b, c;
5°.	A, B, c,	C, a, b;
6°.	A, a, c,	B, C, b.

133. 1er Problème. *Etant donné* a, b, c, *trouver* A, B, C.

On placera les trois faces données à côté les unes des autres, comme on le voit (*fig.* 118, *pl.* 19), et l'on prendra une distance quelconque $Sm' = Sm''$, que l'on portera à droite et à gauche du point S, sur les deux côtés extérieurs des faces a et c.

Si maintenant l'on fait tourner la face a autour de l'arète Sv, pour la ramener à la position qu'elle doit occuper dans l'espace, le point m' décrira un cercle dont le plan sera perpendiculaire à l'arète Sv, et dont la projection sur le plan de la face b sera représentée par la droite $m'\ m$; si l'on fait tourner pareillement la face c autour de l'arète Su, le point m'' décrira un cercle qui aura pour projection la droite $m''\ m$. Or, quand les deux faces a et c seront revenues à leur place, le point m' et le point m'', qui sont à égale distance du point S, ne feront qu'un seul et même point M, et ce point devant être en même temps dans les deux plans $m'\ m$, $m''\ m$, fera partie de leur intersection, qui, étant perpendiculaire au plan de la face b, se projettera sur cette face par le point m.

L'angle solide étant reformé, l'angle C, qui exprime l'inclinaison des faces a et b, aura son sommet en h, et sera projeté sur le plan de la face b par la ligne hm, qui sera l'un de ses côtés. Pour avoir la grandeur de cet angle, il suffira de le faire tourner autour de cm pour le rabattre sur le plan de la face b, dans la position mhm''. La perpendiculaire qui contient le point M prendra, dans ce rabattement, la position mm''', et on déterminera le point m''' en décrivant du point h, comme centre, un cercle dont le rayon, égal à la ligne hm', sera le second côté de l'angle C.

Une construction analogue donnera l'angle A rabattu sur le même plan, dans la position mkm^{IV}.

Pour obtenir l'angle B on concevra par le point M, dont la projection est m, un plan perpendiculaire à l'arète Sm. Ce plan, qui contiendra l'angle B, coupera la face a suivant une droite perpendiculaire à Sm, et représentée par $m'v$ dans le rabattement de la face a ; ce même plan coupera la face c, suivant la ligne $m''u$, et la face b suivant vu ; de sorte que les trois droites $m'v$, vu, $m''u$, seront les trois côtés du triangle au sommet duquel se trouve l'angle B, que l'on connaîtra en construisant le triangle vuz.

Si la face b était égale à la somme des deux autres, le point

m serait sur l'arc de cercle $m'om''$, les angles A et C seraient nuls, et l'angle B vaudrait deux angles droits.

Si la face b était plus grande que la somme des faces a et c, le point m se trouverait hors du cercle $m'om''$, et l'on aurait $mh > m'h$; ce qui serait absurde, puisque l'angle solide étant reformé, mh est la projection de $m'h$ (35); enfin, s'il y avait dans les données quelque condition d'impossibilité, elle se manifesterait toujours par la construction de l'épure.

J'engage le lecteur à varier les données de manière à reconnaître ce qui arriverait dans toutes les hypothèses. Il fera bien de résoudre la même question en supposant que quelques-uns des angles donnés où tous les trois sont obtus.

Si du point m, comme centre, avec un rayon égal à mm''', on décrit un arc de cercle, cet arc doit passer par le point m^{IV}; car il résulte de ce qui précède, que les deux droites mm''' et mm^{IV} représentent le rabattement de la même ligne.

Enfin, les deux angles Shm, Skm étant droits, leurs sommets doivent se trouver sur la circonférence qui aurait Sm pour diamètre.

Ces dernières remarques nous seront fort utiles pour la solution des problèmes suivans.

134. 2e PROBLÈME. *Etant donné* a, b, C, *trouver* c, A, B.

La construction que nous venons de faire renfermant les trois faces et les trois angles dièdres de l'angle solide triangulaire, contient l'expression de toutes les relations qui existent entre ces six quantités, et peut être considérée comme une formule générale au moyen de laquelle, lorsqu'on en connaîtra trois, on pourra toujours trouver les trois autres. Ainsi, par exemple, étant donné a, b, C.

On placera d'abord les deux angles a, b, à côté l'un de l'autre (*fig.* 118), et l'on prendra le point m' à volonté. La perpendiculaire abaissée du point m' sur l'arète sv, donnera en h le sommet de l'angle C, et comme la valeur de cet angle est donnée par la question ; que, de plus, on sait (133) que hm''' doit être égal à hm', on pourra construire le triangle rectangle mhm'''; ce qui déterminera le point m. On abaissera de ce point la ligne mm'' perpendiculaire sur l'arête su, et décrivant l'arc $m'om''$, on aura le point m'', et la face c sera connue. Les angles A et B s'obtiendront comme dans le problème précédent, qui ne diffère de celui-ci que par l'ordre des opérations.

135. 3e PROBLÈME. *Etant donné* a, A, C, *trouver* b, c, B.

On construira d'abord l'angle a (*fig.* 119), et l'on prendra le point m' à volonté. La perpendiculaire abaissée de ce point sur l'arête Sv donnera en h le sommet de l'angle C. On construira le triangle rectangle mhm''' dont on connaît l'angle aigu C, donné par la question et l'hypothénuse hm''' égal à hm'; le point m sera connu. Pour obtenir le point k', qui appartient à l'arête su, on se rappellera (133) que ce point doit être situé sur la circonférence d'un cercle qui aurait Sm pour diamètre. décrivant cette circonférence, il n'y aura plus qu'à trouver la distance du point k' au point m; ce qui sera facile, puisque cette distance est un côté de l'angle droit d'un triangle rectangle, dans lequel on connaît un angle aigu A, donné par la question, et le côté opposé mm^{IV} (*fig.* 118), qui doit être égal à mm'''. Construisant donc ce triangle mkm''' (*fig.* 119), il n'y aura plus qu'à ramener le point k en k' sur la circonférence $Shmk'$, et la face b sera connue. En opérant comme dans l'épure précédente, on obtiendra c et B.

Si, au lieu de ramener le point k en la position k' à droite du point m, on l'avait placé en k'' à gauche, on aurait également satisfait aux conditions demandées ; au lieu de la face b on aurait obtenu b', la face c serait remplacée par c', et B par B'; les faces c et c' seraient égales dans les deux solutions et ne différeraient que par leur position dans l'espace.

136. 4e PROBLÈME. *Etant donné* A, B, C, *trouver* a, b, c.

L'angle solide étant reformé, les trois arcs de cercle $m'p$, pq, qm'' (*fig.* 118) ayant le même centre et le même rayon, formeront un triangle sphérique que l'on pourra prendre pour base de la pyramide qui aurait son sommet en S (*Géom.*); les côtés de ce triangle servent de mesure aux faces de l'angle solide, et ses trois angles mesurent les inclinaisons de ces faces; de sorte que a, b, c seront les côtés de ce triangle, et A, B, C en seront les angles.

Concevons actuellement un second triangle sphérique dont les côtés, situés sur la même sphère, auraient pour pôles les sommets du premier triangle : on sait (*Géom.*) qu'un angle de l'un de ces triangles, ajouté avec le côté qui lui est opposé dans l'autre, valent toujours deux angles droits. Enfin, désignons par a', b', c', A′ B′ C′, les côtés et les angles du triangle supplémentaire.

A, B, C étant donnés par la question, on aura, par une simple soustraction d'angle,

$$2-A=a',$$
$$2-B=b',$$
$$2-C=c'.$$

Connaissant a', b', c', la question est ramenée au premier problème, et la construction employée (*fig.* 118) fera connaître A′, B′, C′.

Alors, par une simple soustraction, on aura

$$2-A'=a,$$
$$2-B'=b,$$
$$2-C'=c.$$

Ce qu'il fallait obtenir.

137. 5ᵉ Problème. *Etant donné* A, B, c, *trouver* C, a, b.

Par une soustraction, on aura

$$2-A=a',$$
$$2-B=b',$$
$$2-c=C'.$$

Connaissant a', b', C′, la question est ramenée au deuxième problème, et la construction (*fig.* 118) fera connaître c', A$'$, B$'$. Alors,

$$2 - c' = C,$$
$$2 - A' = a,$$
$$2 - B' = b.$$

138. 6e PROBLÈME. *Etant donné* A, a, c, *trouver* B, C, b. Par la soustraction on aura

$$2 - A = a',$$
$$2 - a = A',$$
$$2 - c = C'.$$

Connaissant a' A$'$, C$'$, la question est ramenée au troisième problème, et la construction (*fig.* 119) fera connaître b', c' B$'$. Alors,

$$2 - b' = B,$$
$$2 - c' = C,$$
$$2 - B' = b.$$

Mais on a vu (135) que le troisième problème admettait deux solutions. Si nous nommons b'', c'', B$''$, les valeurs qui résulteraient ici de la seconde, on aura

$$2 - B'' = B,$$
$$2 - c'' = C;$$
$$2 - B'' = b.$$

Ce qui donnera une seconde solution du sixième problème.

Les constructions que nous venons d'indiquer renferment, comme on vient de le voir, les solutions des six problèmes qui, résolus analytiquement, composeraient par leur ensemble toute la Trigonométrie sphérique.

CHAPITRE IV.

POLYÈDRES.

Projection des Polyèdres.

139. On sait (*Géom.*) que les polyèdres sont des corps terminés par des faces planes. Il résulte de là que les dimensions d'un polyèdre seront parfaitement connues dès que l'on connaîtra la position relative de ses sommets : car la position des sommets déterminera celle des arêtes, et les arêtes détermineront les faces.

On voit donc, que pour projeter un polyèdre il suffira de projeter tous ses sommets. Mais comme en représentant sur une épure toutes les dimensions d'un corps que l'on se propose d'exécuter, on doit prévoir le moment où il faudra obtenir, d'après le dessin, les véritables grandeurs des diverses parties de ce corps pour les transporter sur la matière dont il doit être composé, on doit, autant qu'on le peut, choisir le système de plans de projection le plus propre à atteindre ce but. Ainsi, par exemple, s'il s'agit d'un prisme, on placera (*fig.* 120, *Pl.* 20) une de ses bases *abcde* dans le plan horizontal, et l'on prendra pour second plan de projection un plan vertical parallèle aux arêtes, puis après avoir construit la projection horizontale de la base supérieure, on élevera, par chacun des sommets de cette projection, des perpendiculaires jusqu'à ce qu'elles rencontrent le plan horizontal *p*, dont la position est déterminée par la hauteur que l'on veut donner au prisme que l'on projette.

On voit qu'au moyen de la précaution que l'on a prise de placer les bases du prisme horizontalement, et les arêtes parallèles au plan vertical de projection, toutes les arêtes de ce corps seront projetées sur l'un ou l'autre plan de projection dans leur véritable grandeur.

140. Les figures obtenues par la méthode des projections

diffèrent essentiellement des formes apparentes sous lesquelles les corps se présentent ordinairement à nos yeux. Nous verrons la raison de cette différence lorsque nous nous occuperons de la perspective. Cependant, pour rendre plus facile à concevoir les projections des corps solides, on est convenu que l'on regarderait certaines lignes comme vues, et d'autres comme étant cachées, et que pour les distinguer on tracerait en plein les lignes vues, et que l'on ponctuerait les lignes cachées. Pour cela on suppose, lorsqu'on regarde la projection horizontale d'un corps, que l'œil est placé au-dessus de ce corps à une distance infiniment grande, et lorsqu'on regarde la projection verticale, on est censé être placé devant le plan vertical, et infiniment loin de ce plan. Cette supposition d'une distance infinie est nécessaire; car sans cela, comme nous le verrons plus tard, la forme apparente d'un corps ne serait pas la même que sa projection.

Cette convention une fois adoptée, nous dirons qu'une ligne est vue, lorsqu'un point quelconque partant de cette ligne peut s'éloigner infiniment du plan de projection, et suivant une perpendiculaire à ce plan, sans rencontrer la masse d'aucun corps solide, et dans le cas contraire la ligne est cachée.

Ainsi, par exemple, si les deux lignes (aa', bb') (*fig.* 121) étaient deux arètes d'un même polyèdre, la première serait cachée dans la projection horizontale, parce qu'un point (mm') partant de cette ligne ne pourrait s'élever verticalement pour aller rejoindre l'œil, que nous avons supposé infiniment élevé, qu'en coupant la ligne b en n, et par conséquent en traversant la masse solide comprise entre ces deux points. Par un raisonnement analogue, on reconnaîtrait que la projection verticale de la ligne (bb') doit être ponctuée.

141. Si l'on voulait projeter une pyramide, on placerait la base dans le plan horizontal, puis on construirait en s' la projection horizontale du sommet dont la projection verticale s serait déterminée par la hauteur que l'on veut donner à la pyramide.

On conçoit qu'ici on ne peut placer qu'une ou quelquefois deux des arètes obliques, parallèlement au plan vertical.

142. Nous avons supposé jusqu'ici que l'on projetait un polyèdre dans l'intention de l'exécuter ensuite; mais assez souvent le corps existe déjà lorsque l'on se propose d'en obtenir les projections.

Ainsi, par exemple, s'il s'agissait de dessiner les projections d'un monument ou d'une machine, on commencerait par mesurer toutes les dimensions des lignes horizontales et verticales, que l'on reporterait ensuite sur l'épure, soit dans leur grandeur véritable, soit réduites d'après un rapport donné; puis, au moyen d'un fil à plomb ou d'une équerre placée verticalement, on déterminerait les pieds des perpendiculaires abaissées des points qu'il serait essentiel de projeter; et, mesurant les hauteurs de ces points au-dessus du plan horizontal, il serait facile de construire la projection verticale du solide.

Mais on conçoit que l'exactitude du résultat dépendra du plus ou moins de soin avec lequel on aura pris toutes les mesures, ou de la perfection des instrumens que l'on aura employés. Aussi devra-t-on ne prendre sur le corps même que le moins de mesures possible, et déduire, autant que l'on pourra, la grandeur de toutes les autres parties de ce corps, de sa définition géométrique. Ainsi, par exemple, s'il s'agit d'un prisme droit à base carrée, on ne mesurera que le côté de la base et la hauteur; lorsque plusieurs points seront dans un même plan horizontal, il suffira de connaître la hauteur de l'un d'eux.

Nous allons faire l'application de ces principes à la projection des cinq polyèdres réguliers.

143. *Projection du tétraèdre régulier.* On construira d'abord (*fig.* 123) un triangle équilatéral $a'b'c'$, puis joignant les trois sommets de ce triangle avec le centre d', on aura la projection horizontale du tétraèdre; pour obtenir la projection verticale, on projettera les sommets a', b', c' sur la ligne de terre; et si l'on a eu soin de placer l'une des arètes $a'd'$

parallèle au plan vertical, elle doit se projeter sur ce plan dans sa véritable longueur; de sorte qu'il suffira de décrire du point *a*, comme centre, avec un rayon égal à l'un des côtés de la base, un arc *od* dont l'intersection avec la verticale *dd'*, donnera en *d* la projection verticale du sommet.

144. *Projection du cube ou hexaèdre régulier.* On construira deux carrés égaux et disposés comme on le voit *fig.* 124; l'un sera la projection horizontale, et l'autre sera la projection verticale.

145. *Projection de l'octaèdre régulier.* Deux carrés disposés comme dans la *fig.* 125, représenteront les projections de l'octaèdre régulier. Des douze arètes de ce solide, il y en a quatre parallèles au plan horizontal, et quatre parallèles au plan vertical.

146. *Projection du dodécaèdre régulier.* La projection horizontale de ce solide (*fig.* 126) se composera d'abord de deux pentagones réguliers égaux à l'une des faces, et inscrits dans le même cercle, de manière que les sommets de l'un soient au milieu des arcs soustendus par les côtés de l'autre, et d'un décagone régulier inscrit dans un cercle d'un plus grand rayon, et tel que l'on ait $c'd' = a'b'$.

Pour construire la projection verticale, on remarquera que l'arète ($a'h'$) étant parallèle au plan vertical, doit se projeter sur ce plan suivant sa véritable grandeur, et que par la même raison *vu* doit être égal à la hauteur d'une face.

147. *Projection de l'icosaèdre régulier.* Après avoir construit la projection horizontale, comme on le voit (*fig.* 127), on fera (*ab*) égale à une arète, et (*cd*) égale à la hauteur $c'd''$ de l'une des faces.

Projection oblique des polyèdres.

148. Il arrive quelquefois dans l'architecture, et souvent dans les dessins de machines, que l'on a besoin de projeter un corps solide dans une position inclinée par rapport aux

plans de projection. On pourrait placer d'abord le corps dans cette position, et chercher ensuite à en construire la projection par les moyens que nous avons indiqués plus haut (142); mais il est presque toujours plus facile d'opérer comme il suit.

On placera d'abord le corps dans la position la plus simple et la plus favorable à la construction de ses projections; puis, par deux mouvemens parallèles aux plans de projection, on l'amènera dans telle position inclinée que l'on voudra.

Soit, par exemple (*fig.* 128, *Pl.* 21), une droite (ab, $a'b'$) perpendiculaire au plan horizontal de projection.

Si l'on suppose que cette droite tourne autour du point (aa') en restant parallèle au plan vertical, on pourra l'incliner de manière qu'elle fasse tel angle que l'on voudra avec le plan horizontal; dans ce premier mouvement, le point (bb') décrira un arc de cercle (bc, $b'c'$); faisant ensuite parcourir au point (cc') l'arc horizontal (cd, $c'd'$), l'angle avec le plan horizontal n'aura pas changé, et il est évident que par ce double mouvement on pourra faire prendre à la droite telle position inclinée que l'on voudra.

149. C'est par ces moyens que l'on a construit (*fig.* 129) les projections d'un *parallélépipède rectangle incliné par rapport aux plans de projection.*

Après avoir construit les projections verticale et horizontale, que je désignerai seulement par les lettres (ab, $a'b'$), placées aux extrémités de l'une des diagonales du solide, on a supposé que ce corps tournait autour du point a et parallèlement au plan vertical, jusqu'à ce qu'il soit venu prendre la position inclinée ac. Par ce premier mouvement, le point m est venu se placer en n, et le corps étant resté parallèle au plan vertical, sa projection sur ce plan n'a fait que changer de position; de sorte que, pour avoir sa nouvelle projection verticale, il a suffi de construire sur an un rectangle $ancq = ambp$. Les arcs de cercle décrits par chacun des sommets étant parallèles au plan vertical, se projettent horizontalement par des droites parallèles à la ligne de terre;

les intersections de ces droites avec les perpendiculaires abaissées de la projection verticale *ancq* sont les sommets de la nouvelle projection horizontale du solide.

Supposons actuellement que nous faisons tourner le corps de manière que le point (aa') ne bougeant pas, le point nn' parcoure l'arc horizontal $(no, n'o')$. Ce second mouvement se faisant parallèlement au plan horizontal, la position du corps relativement à ce plan, est toujours la même, de sorte que la projection horizontale ne fait que changer de place, et pour l'obtenir il suffit de construire de nouveau cette projection, de manière seulement que la ligne $a'n'$ soit dans la position $a'o'$. Quant à la projection verticale correspondante, on l'obtient en élevant de tous les points de la nouvelle projection horizontale, des perpendiculaires jusqu'à la rencontre des arcs horizontaux parcourus par les sommets du solide dans le second mouvement, et représentés par les lignes horizontales passant par les sommets de la projection *ancq*.

150. On peut encore arriver au même but par un autre moyen. Nous avons, dans l'exemple précédent, changé la position du corps par rapport aux plans de projection : on préfère souvent, au contraire, changer la position du plan de projection par rapport à celle du corps. Soit a, a' (*fig.* 130) les deux projections d'un point donné. On veut avoir la projection de ce point sur le plan vertical p, on abaissera du point donné une perpendiculaire sur le plan p, et le pied de cette perpendiculaire sera la projection demandée. Ce point se projettera horizontalement en b'. Il est inutile de construire la projection verticale b, qui ne servirait à rien; mais pour mieux apprécier sa position sur le plan vertical p, on supposera que ce plan tourne autour de sa trace verticale comme charnière, pour se rabattre sur l'épure, à droite du premier plan vertical de projection. Dans ce mouvement, le point b, b' décrira un arc horizontal, et viendra sur l'épure prendre la position b''. Si l'on

manquait de place, on pourrait rabattre le plan *p* sur le plan horizontal, en le faisant tourner autour de sa trace; alors le point *bb'* viendrait se placer en *b''*, que l'on obtiendrait en faisant *b'b''*, égal à la hauteur du point donné au-dessus du plan horizontal.

151. Dans l'épure 131, on a employé ce moyen pour obtenir la projection d'une croix inclinée par rapport aux plans de projection.

Après avoir obtenu la projection inclinée *abcd*, soit en la construisant directement, soit en faisant tourner le corps parallèlement au plan vertical, comme nous l'avons dit (148), on a construit les traces du plan vertical sur lequel on s'est proposé d'obtenir la nouvelle projection; puis, après avoir abaissé de tous les angles du solide des perpendiculaires à ce plan, on l'a fait tourner autour de l'une de ses traces, pour le rabattre sur l'un ou sur l'autre des deux premiers plans de projection. La *fig.* 131 représente la nouvelle projection rabattue sur le plan vertical, et dans la *fig.* 132, elle est rabattue sur le plan horizontal.

152. Il arrive assez souvent, surtout, comme je l'ai dit plus haut, dans les projections des machines, que l'on soit conduit à projeter quelques-unes de leurs pièces dans une position inclinée, afin de faire mieux concevoir comment ces pièces agissent les unes sur les autres, par suite du mouvement qui leur est communiqué; mais il arrive encore plus souvent que les mêmes procédés soient employés pour résoudre le problème inverse; c'est-à-dire qu'étant données deux projections d'un corps incliné dans l'espace, on remplace les plans coordonnés primitifs par d'autres sur lesquels les projections de ce même corps sont plus simples, et par conséquent plus commodes pour la solution des questions subséquentes. Ce cas devant se présenter souvent par la suite, et les moyens qu'il faut employer ne différant pas de ceux que nous venons d'indiquer, nous ne nous y arrêterons pas pour le moment.

Surface des polyèdres.

153. *Développer la surface d'un polyèdre.* On dit qu'*une surface est développable*, lorsque toutes les parties de cette surface peuvent s'étendre sur un plan sans déchirement. D'après cela, les surfaces de tous les polyèdres peuvent se développer.

Soient (*fig.* 134, *Pl.* 22) les deux projections d'une pyramide quadrangulaire ; on construira (35) la véritable longueur de chacune des arètes, ce qui donnera le moyen de construire (*fig.* 135) les faces triangulaires *bad*, *bde*, *bec*, *bca* ; quant à la surface quadrangulaire *aced*, on la partagera en triangles par la diagonale *ae*, puis on construira les deux triangles *ace*, *aed*, qui composent cette face. On agirait de la même manière quel que fût le nombre des côtés.

154. Lorsqu'il y a dans le polyèdre que l'on se propose de développer, quelques relations de régularité ou de symétrie, on peut quelquefois en profiter pour donner au développement plus d'exactitude et de simplicité. Les développemens des polyèdres réguliers offrent un exemple de ce que je viens de dire. La *fig.* 136, qui représente le développement d'un *tétraèdre régulier*, n'est autre chose qu'un triangle équilatéral dont chaque côté est partagé en deux parties égales. Le développement de l'*octaèdre régulier* est inscrit (*fig.* 137) dans un parallélogramme composé de deux triangles équilatéraux, et dont les côtés sont partagés en trois parties égales ; et celui de l'*icosaèdre* (*fig.* 138) est inscrit dans un parallélogramme semblable, mais dont les côtés sont partagés en cinq parties égales. Le développement du *cube* ou *hexaèdre régulier* est inscrit dans un rectangle dont la base est à la hauteur comme 4 est à 3. Enfin, pour obtenir le développement du *dodécaèdre régulier*, on construira deux grands pentagones réguliers égaux et disposés comme on le voit dans la *fig.* 140 ; puis, en menant toutes les diagonales de ces pentagones, on obtiendra, par

leur intersection, deux autres petits pentagones placés au centre des premiers, et dont les diagonales prolongées détermineront toutes les faces du dodécaèdre.

155. *Étant donné les deux projections d'un polyèdre, construire sur les plans de projection les traces des plans qui contiennent les faces de ce polyèdre.*

On choisit dans chaque face trois sommets ou deux arètes, et la question revient à chercher les traces d'un plan passant par trois points ou par deux lignes droites qui se coupent (55, 56). C'est ainsi que l'on a obtenu (*fig.* 141) les traces des douze plans qui contiennent les faces d'un dodécaèdre régulier.

Section des polyèdres.

156. Ce problème est l'un des plus intéressans de l'industrie; il renferme les principes de tous les procédés employés par les menuisiers, les ébénistes, les charpentiers, et en général par tous ceux dont la profession consiste à exécuter ou assembler des corps terminés par des surfaces planes.

157. *Construire la section d'un polyèdre par un plan.*

On pourrait, comme nous l'avons dit (155), construire sur les plans de projection les traces des plans qui contiendraient les faces du polyèdre; alors la question consisterait à chercher l'intersection de ces plans par le plan donné; mais il est presque toujours plus simple de chercher les points où le plan donné coupe les arètes du polyèdre. Par exemple, soit (*fig.* 142, *Pl.* 23) une pyramide pentagonale dont on demande la section par le plan p; on fera pour chacune des cinq arètes la construction indiquée (70), et l'on obtiendra les projections verticales et horizontales des cinq points suivant lesquels ces arètes sont coupées par le plan donné. Joignant ces points par des droites, on aura les projections verticale et horizontale de la section demandée.

Si l'on voulait obtenir cette section dans sa véritable grandeur, on pourrait supposer que le plan qui la contient tourne autour de sa trace, pour venir se rabattre sur le plan horizontal. Dans ce mouvement, chaque point de la section décrirait un arc de cercle perpendiculaire à la trace horizontale du plan donné, et représenté en projection horizontale par une perpendiculaire à cette trace; de sorte que pour savoir où chacun d'eux viendrait se placer dans le rabattement, il suffirait de chercher sa distance à la ligne qui a été prise pour charnière. Ainsi, par exemple, pour le point d, on chercherait la véritable longueur de la ligne $(od, o'd')$, et cette longueur $o'd''$ donnerait la position du point d dans le rabattement de la section.

Si l'on voulait construire cette section dans le développement de la pyramide, on construirait d'abord ce développement comme nous l'avons dit (153); puis, cherchant la véritable distance de chaque sommet de la section au sommet correspondant de la base ou au sommet de la pyramide, il serait facile de placer chacun de ces points sur la droite qui dans le développement représente l'arète qui le contient. Dans la (*fig.* 142), l'arète $(sm, s'm')$ étant parallèle au plan vertical, se projette sur ce plan dans sa véritable longueur; mais pour construire le développement, il a fallu chercher la véritable longueur de chacune des autres arètes.

Enfin, si le corps dont on a les projections était déjà exécuté, on pourrait se proposer de tracer sur ce corps le polygone résultant de sa section par le plan p. Pour cela, on prendrait la distance de chacun des sommets de cette section au sommet de la pyramide ou aux angles de sa base, et il serait facile, en reportant ces longueurs sur les arètes du polyèdre, d'y déterminer exactement la position des angles de la section.

158. La nature des données permet quelquefois de simplifier les opérations. Si, par exemple, il s'agissait d'obtenir la section d'un prisme par un plan perpendiculaire aux arètes,

on placerait ce prisme parallèlement au plan vertical de projection, auquel le plan coupant se trouverait alors perpendiculaire; la section se projetterait verticalement par une ligne droite *ad*, et pour en avoir la projection horizontale, il suffirait d'abaisser des points *abhced* des perpendiculaires à la ligne de terre, jusqu'à la rencontre des projections horizontales des arètes. La figure $(a''b''c''d''e''h'')$ représente la section rabattue dans sa véritable grandeur sur le plan vertical qui contient l'arète *hu*, *h'u'*; on suppose qu'avant de la rabattre on l'a fait avancer parallèlement à elle-même jusqu'à ce qu'elle soit venue se projeter en (*mn*).

La véritable grandeur de la section étant obtenue, on a porté tous les côtés à la suite les uns des autres, et dans le prolongement de la trace verticale du plan *p*, ce qui a donné la ligne $(a'''b'''c'''\ldots)$ pour le développement de la section; puis, ayant mené par tous ces points, et perpendiculairement à $a'''a'''$, des lignes parallèles et égales aux arètes du prisme, on a obtenu le développement de ce solide. Nous emploierons souvent par la suite ce moyen de développer la surface convexe d'un prisme; il est plus commode et plus exact que la décomposition des faces en triangles.

159. La section perpendiculaire aux arètes d'un prisme prend souvent, dans les applications, le nom de *section droite*.

160. *Trouver les points où une ligne droite perce la surface d'un polyèdre.*

On fera passer par la droite un plan quelconque (74); on cherchera la section du polyèdre par ce plan, et les points où la droite donnée rencontrera cette section, seront les points demandés.

En faisant usage d'un plan perpendiculaire à l'un des plans de projection, il est évident que la construction de la section du polyèdre par ce plan sera plus facile à obtenir.

Dans la *fig.* 144, *Pl.* 24 (*a*, *a'*) est la droite donnée. Si l'on mène par cette droite un plan vertical *p*, et que l'on construise la projection verticale de la section qui en résulte, les points (m, m'), (n, n') où cette section est rencontrée par la ligne a, seront les deux points demandés. En construisant le plan p' perpendiculaire au plan vertical, et la projection horizontale de la section qui en provient, on aurait obtenu le même résultat.

161. *Étant donnée la projection verticale d'un point* a *que l'on sait appartenir à la surface d'un polyèdre, trouver la projection horizontale de ce même point.*

Cela revient à trouver l'intersection du polyèdre par la droite cd (*fig.* 145), menée par le point a perpendiculairement au plan vertical. Pour cela, menons par cette droite le plan horizontal p, et construisons la section du polyèdre par ce plan, nous obtiendrons pour cette section un polygone horizontal coupé par la droite cd en deux points a', a'', qui sont les projections horizontales de deux points appartenant à la surface du polyèdre, et ayant la même projection verticale a.

Si l'on donnait la projection horizontale b, et qu'il fallût trouver la projection verticale, on construirait un plan p' parallèle au plan vertical de projection, et la section du polyèdre par ce plan serait rencontrée par la verticale ch en deux points b', b'', qui seraient les projections des deux points de la surface du polyèdre, qui se projettent horizontalement en b.

Intersection des polyèdres.

162. Toutes les fois que l'on coupera un polyèdre par un plan, la section sera une figure plane; mais lorsque deux polyèdres se pénètrent, il en résulte une figure rectiligne dont les côtés peuvent être dirigés dans toute sorte de plans.

Pour obtenir les différens côtés qui composent cette figure, on cherchera les intersections de chacune des faces du premier polyèdre avec les différentes faces du second, et l'ensemble de ces intersections formera la figure demandée. Pour obtenir l'intersection de ces faces deux à deux, on pourra chercher les traces des plans qui les contiennent, ou bien encore chercher les intersections des arètes de l'une d'elles avec le plan qui contient l'autre; mais il sera presque toujours plus simple d'opérer comme il suit.

163. Supposons (*fig.* 146) que le triangle (abc, $a'b'c'$)appartienne à l'un des deux polyèdres proposés, et que le quadrilatère ($mnqs$, $m'n'q's'$) soit une des faces du second; en prolongeant les lignes (ab, $a'b'$) (bc, $b'c'$) jusqu'à leur rencontre avec le plan horizontal, on obtiendra la ligne vu qui représente la trace horizontale du plan qui contient le triangle. On cherchera de la même manière la trace st du plan qui contient le quadrilatère, et le point hh' où ces deux traces se rencontrent fera partie de l'intersection des deux faces proposées. Pour obtenir un second point de cette intersection, on pourrait avoir recours aux traces verticales des mêmes plans; mais comme il arrive souvent que ces traces sont situées hors de l'épure, il faudra opérer comme nous l'avons dit (67). On construira un plan horizontal p, qui coupera les plans du triangle et du quadrilatère suivant les deux droites xy, rz, dont le point de rencontre kk' sera un second point de l'intersection cherchée, de sorte que les projections de cette ligne seront (kh, $k'h'$). Quand on aura obtenu cette intersection, on en retranchera tout ce qui serait en dehors des faces données, et tout ce qui appartiendrait à l'une d'elles sans faire partie de l'autre; de sorte que l'on ne conservera que la partie (eo, $e'o'$), commune aux deux faces données; on passera ensuite à l'intersection des deux autres faces.

164. Il faudra, pour réussir, opérer avec beaucoup d'ordre et de précision. Soit (*fig.* 147) un angle solide triangulaire, composé du pentagone a et de deux triangles b, c; on veut avoir toutes les lignes provenant de sa pénétration dans un angle quadrangulaire composé des deux triangles b' et c', et des deux quadrilatères a', d'. On cherchera d'abord, par l'un des moyens indiqués plus haut, l'intersection des faces a, a', et l'on ne conservera de cette intersection que la partie mn,

commune à ces deux faces ; et comme le point n fait encore partie de la face a', on cherchera l'intersection de cette face avec b ; ce qui donnera $a'b$, dont on ne conservera que la partie no. Arrivé là, il faut sortir de la face a' ; mais comme le point o est dans l'intérieur de la face b, on cherchera l'intersection de cette face avec la face b' adjacente à a' ; ce qui donnera bb', dont on ne conservera que la partie oq, commune aux deux faces b et b'. On continuera à tourner de cette manière, jusqu'à ce que l'on soit revenu au point m, d'où l'on était parti ; ce qui fermera le polygone provenant de la pénétration des deux angles solides.

165. On remarquera qu'à chaque construction, l'extrémité du dernier côté obtenu devant faire partie de celui qui doit suivre, il suffira d'obtenir un point pour déterminer ce côté. Il n'y a donc que pour le premier côté qu'il faudra obtenir deux points ; le dernier sera déterminé par l'extrémité de celui qui précède, et par le point d'où l'on est parti ; de sorte que si l'on cherche un point du dernier côté, ce ne peut être que pour vérifier les constructions.

166. L'épure **25** a été construite d'après ces principes : on s'est proposé d'obtenir toutes les lignes provenant de l'*intersection d'un tétraèdre avec un prisme quadrangulaire*.

En opérant comme il a été dit (163), l'intersection des faces

a avec e, donne ou, $o'u'$,
a .... f, ... ut, $u't'$,
b .... f, ... tx, $t'x'$,
c .... f, ... xs, $x's'$,
c .... e, ... so, $s'o'$;

d'où résulte le polygone ($outxs$, $o'u't'x's'$), dont les côtés sont dirigés dans toute sorte de plans.

Ce polygone que nous venons d'obtenir, est celui par lequel le sommet du tétraèdre pénétrerait dans le prisme quadrangulaire. En opérant de la même manière, on trouvera un second polygone ($iklgr$, $i'k'l'g'r'$), par lequel le sommet du tétraèdre sort du prisme.

Voici l'ordre des opérations pour obtenir le second polygone, l'intersection de

a	avec d,	donne	ik, $i'k'$,
b	.... d,	....	kl, $k'l'$,
b	.... g,	....	lg, $l'g'$,
c	.... g,	....	gr, $g'r'$,
c	.... d,	....	ri, $r'i'$.

167. Dans l'exemple que je viens de proposer, les deux polygones d'entrée et de sortie sont entièrement séparés l'un de l'autre, et dans ce cas on leur donne le nom de *pénétration;* mais il pourrait se faire, si le tétraèdre était un peu avancé dans un sens ou dans l'autre, qu'il ne fût pas entièrement engagé dans le prisme ; alors les deux figures se mêleraient et n'en feraient qu'une seule, à laquelle, dans ce cas, on donnerait le nom d'*arrachement.*

168. Quand on a obtenu toutes les lignes provenant de la pénétration de deux corps, il reste à reporter ces lignes sur la surface même de ces corps ; ce qui peut se faire de deux manières.

169. Si les surfaces des deux corps que l'on se propose de construire devaient être composées de feuilles minces en tôle, fer-blanc ou autre matière que l'on pût facilement développer : on en construirait d'abord toutes les faces, comme nous l'avons dit (153), et l'on tracerait dans chacune de ces faces, et suivant leur véritable grandeur, toutes les lignes provenant de la pénétration des deux polyèdres ; de sorte que lorsque ces corps seraient reformés, toutes les lignes nécessaires à leur assemblage se trouveraient tracées sur leur surface.

170. Si les corps étaient massifs comme ceux que l'on construit en pierre ou en bois, et qu'ils fussent déjà exécutés, on construirait encore le développement comme nous venons

de le dire; puis, prenant séparément chaque face de ce développement, on découperait le contour de la pénétration, et en l'appliquant sur la face correspondante du solide, il serait facile de tracer cette figure dans sa véritable grandeur. Lorsqu'une face du développement est ainsi appliquée sur le corps, on lui donne le nom de *panneau*.

On pourrait encore, après avoir déduit de l'épure la distance de chaque sommet de l'intersection aux sommets du polyèdre, construire directement cette figure sur la surface du solide, sans en faire le développement.

171. On a rassemblé dans l'épure 26 toutes les parties de ce problème. La *fig.* 149 représente les données de la question, et la *fig.* 150 en contient le résultat. On a (*fig.* 151) le développement du prisme, et la *fig.* 152 est le développement du tétraèdre.

Pour obtenir dans le développement du prisme un point qq' qui n'appartient pas à l'une des arêtes, on mène par ce point une droite qm, $q'm'$, parallèle aux arêtes du prisme, et l'on construit cette droite dans le développement, suivant sa véritable grandeur.

Pour le point ll', on a construit une ligne (ln, $l'n'$) passant par le sommet du tétraèdre.

172. *Trouver les points communs aux surfaces des trois polyèdres.* Ce problème est un cas particulier de la question générale énoncée (69). On voit qu'il suffit de résoudre deux fois le problème précédent.

FIN DU PREMIER LIVRE.

LIVRE II.

CHAPITRE PREMIER.

LIGNES COURBES.

173. L'idée la plus simple que l'on puisse se former d'une ligne courbe, c'est de la considérer comme engendrée par le mouvement d'un point qui se détournerait infiniment peu à chaque pas.

174. Pour définir une courbe, il faut énoncer les conditions de sa génération. Ainsi, par exemple, une circonférence de cercle est une courbe engendrée par un point assujetti à se mouvoir dans un plan, de manière à rester toujours à égale distance d'un autre point de ce plan que l'on nomme *centre.*

175. Si toutes les positions du point générateur d'une courbe sont dans un même plan, on dit que *cette courbe est plane;* dans le cas contraire, on la nomme *courbe à double courbure.* Nous verrons bientôt d'où vient cette dénomination.

176. Le nombre des positions successivement occupées par le point générateur étant infini, il est impossible de les construire toutes. Dans ce cas, on construit un certain nombre de ces points, très rapprochés les uns des autres, et les joignant entre eux, on obtient une ligne qui diffère peu de la courbe que l'on se proposait de construire.

Il est évident que cela revient à considérer la courbe comme un polygone d'une infinité de côtés; chacun de ces côtés, à cause de sa petitesse, peut être regardé comme un *élément droit* de la courbe. Si on le prolonge, on a une ligne droite qui, en-deçà et au-delà, s'écarte du cours de la courbe, et ne se confond avec elle que suivant ce même élément. Cette ligne droite se nomme *tangente*, et l'élément infiniment petit qui lui est commun avec la courbe se nomme *point de tangence* ou de *contact*.

177. Il ne faut pas attacher à ce mot de tangente, le même sens qu'en Géométrie : on voit par ce qui précède, qu'une ligne telle que *ab* (*fig.* 153, *Pl.* 27), qui toucherait une courbe au point *a*, pourrait la couper ailleurs. La ligne *ac*, menée par le point *a* perpendiculairement à la tangente, se nomme une *normale*.

Cercle osculateur, rayon de courbure.

178. Soit (*fig.* 154) une courbe *man*, la tangente *ac*, et la normale *ab*. Supposons qu'avec des rayons de différentes grandeurs on décrive plusieurs cercles passant par le point *a* et ayant leurs centres sur la normale. Tous ces cercles se toucheront entre eux et toucheront au point *a* la courbe *man* et sa tangente *ac*, de sorte que les uns seront en dedans de la courbe, les autres passeront entre la courbe et la tangente; mais il est évident que parmi tous les cercles possibles il y en aura un qui s'approchera plus de la courbe qu'aucun des autres; on le nomme *cercle osculateur*. Sa courbure représente celle de la courbe au point *a*, et son rayon se nomme le *rayon de courbure*.

179. Si tous les points de la courbe n'étaient pas dans un même plan, on pourrait toujours concevoir trois points de cette courbe infiniment près les uns des autres. Ces trois points détermineraient le centre et le rayon du *cercle osculateur*, et le plan de ce cercle se nommerait *plan osculateur*. Il contiendrait l'arc extrêmement petit passant par les trois points qui déterminent sa position, et s'écarterait de la courbe en-deçà et au-delà de cet arc.

180. Quelquefois la courbure d'une courbe est constante comme dans la circonférence du cercle, souvent elle est variable : tantôt le centre de courbure passe d'un côté à l'autre de la courbe ; alors de convexe qu'elle était, elle devient concave, comme on le voit en *a* (*fig.* 155) ; ailleurs le point générateur, après avoir parcouru un arc *ab*, s'arrête brusquement pour se diriger suivant un autre arc tel que *bc*. Dans ce cas, le point *b* se nomme *un point de rebroussement.* On pourrait bien regarder les deux arcs *ab*, *bc*, comme appartenant à deux courbes différentes qui aboutissent à un même point ; mais s'ils résultent tous deux des conditions qui déterminent le mouvement du point générateur, il vaut mieux les considérer comme les deux branches d'une même courbe.

Au reste, c'est dans les traités d'analyse qu'il faut étudier les propriétés des courbes. On y verra comment toutes les sinuosités et accidens de leurs cours sont représentés par la combinaison des signes. Nous nous bornerons ici à l'exposé des constructions graphiques dont nous devons faire plus tard l'application.

181. Le calcul algébrique, en permettant d'admettre dans toute sa rigueur l'hypothèse d'un nombre infini de côtés, fait connaître avec la plus grande exactitude la position des centres et des rayons de courbure, des normales et tangentes ; mais on peut, dans beaucoup de circonstances, se contenter des moyens que nous allons indiquer.

Construction du rayon de courbure, de la normale, et de la tangente.

182. Soit (*fig.* 156) la courbe *abcde* ; si l'on prend trois points *b*, *c*, *d*, très rapprochés les uns des autres, le centre et le rayon du cercle passant par ces trois points pourront être pris pour le centre et le rayon du cercle osculateur en *c*, et cette hypothèse sera d'autant plus exacte, que les arcs *bc*,

cd, seront plus petits. Il ne faudrait cependant pas, si l'on voulait obtenir ce centre par le moyen connu en Géométrie, prendre les points *b*, *c*, *d*, trop près l'un de l'autre, car on perdrait, par la difficulté de la construction, l'exactitude que l'on aurait gagnée en se rapprochant de la vérité du principe.

183. Il résulte de ce que nous venons de dire que si, en un point *c* d'une courbe quelconque, on veut construire une tangente à cette courbe, on prendra deux points *b*, *d*, très près et à égale distance du point *c*; puis ayant joint *b*, avec *d* par une ligne droite, il sera facile de construire la normale *co*, perpendiculaire sur *bd*, et la tangente *cm* perpendiculaire à l'extrémité de *co*.

Développantes et développées.

184. Si par chacun des points *a*, *b*, *c*, *d*, *e* (*fig.* 157), pris sur une courbe quelconque, on conçoit une normale à cette courbe, chaque normale sera coupée par celle qui suit en un point; la ligne qui passera par les points d'intersection de toutes ces normales contiendra tous les centres de courbure de la courbe donnée. En effet, on pourra considérer *ab* comme un petit arc de cercle dont *m* serait le centre, *bc* comme un second arc de cercle qui aurait son centre en *n*; de sorte que l'ensemble de ces petits arcs de cercle formera une courbe continue et sans cassure; car il est évident que si à l'extrémité de l'une des normales on mène une tangente à la courbe, cette tangente sera touchée en même temps par l'arc qui précède et par l'arc qui suit; d'où il résulte que ces deux arcs se toucheront et se raccorderont parfaitement.

On dit que deux arcs se raccordent, lorsqu'ils paraissent être le prolongement l'un de l'autre et ne former qu'une même courbe.

185. Cette manière d'envisager une courbe n'est rigoureusement exacte qu'autant que l'on suppose les arcs *ab*, *bc*, *cd*, infiniment petits, car sans cela, ce serait plutôt une suite de

petits arcs de cercle qui ne satisferait qu'approximativement à la définition géométrique de la courbe.

186. Si l'on imagine un fil attaché en *z*, et courbé suivant le contour de la ligne *zonm*, en faisant mouvoir le point *a* suivant la courbe *abcde*, il est facile de voir que le fil se développera, que le point *m* décrira la courbe *msu*, et que le rayon de courbure s'accroîtra, à chaque instant, de la différence des deux normales passant par les extrémités de l'arc parcouru par le point *a*; de sorte que la partie *uz* du dernier rayon pourra être regardée comme le *développement* de la courbe *zonm*. C'est cette propriété qui a fait donner à la courbe *abcde* le nom de *développante*, par rapport à la courbe *zonm* qui contient les centres de courbure, et que l'on nomme sa *développée*.

187. En regardant une courbe comme une suite de petits arcs de cercle, hypothèse suffisamment exacte pour un grand nombre d'applications, nous allons voir quel parti on peut tirer des principes précédens pour la construction des courbes.

188. *Étant donnée une ligne courbe, construire sa développante.*

On placera sur la courbe donnée un certain nombre de points très rapprochés les uns des autres, puis après avoir mené une tangente par chacun d'eux, on prendra ce point pour centre, et la tangente pour rayon de courbure de l'arc correspondant de la développante.

Ainsi, par exemple, étant donnée la courbe *mnoz* (*fig.* 157), on construira les tangentes *ma*, *nb*, puis du point *m* comme centre, avec le rayon *ma*, on décrira l'arc *ab*; le point *n* sera le centre de l'arc *bc*, et ainsi de suite. C'est de cette manière que l'on a construit (*fig.* 158) les courbes *abc*, *a'b'c'*, qui sont les développantes du cercle. On aurait pu en construire une pour chaque point du cercle, et l'on peut voir qu'en général une courbe a une infinité de développantes. La ligne *a'b''c''* est la développante de *a'b'c'*.

189. *Étant donnée une ligne courbe, construire sa développée.*

Il faudra mener (*fig.* 157) à la ligne proposée un certain nombre de normales très près les unes des autres, puis on fera passer une courbe par les points d'intersection de ces normales consécutives.

La développée du cercle se réduit à un point.

Il ne semble pas que ces principes puissent être d'une grande utilité dans les applications, puisque la développante ne peut se construire qu'à l'aide de la développée, et que, réciproquement, on ne peut obtenir la développée que lorsqu'on a déjà la développante. Mais nous allons voir que l'on peut souvent éluder cette difficulté.

190. Lorsqu'une courbe provient, comme *abcde* (*fig.* 157), de la construction d'arcs de cercles successifs, on lui donne, dans les applications, le nom de *courbe à plusieurs centres*. On voit que ces sortes de courbes ne sont pas soumises dans toute l'étendue de leur cours à la même loi de continuité, c'est-à-dire que les conditions qui déterminent le mouvement du point générateur ne sont pas identiquement les mêmes depuis le commencement de la courbe jusqu'à son extrémité. Mais la facilité avec laquelle on peut construire, à l'aide du compas, ces imitations de courbe, les fait souvent préférer, dans les applications, aux courbes continues que l'on ne peut tracer qu'à la main.

Des courbes à plusieurs centres.

191. La construction des courbes à plusieurs centres dépend de ce principe de géométrie, que *si deux cercles ont une tangente commune en un point de leurs circonférences, ils se toucheront en ce point.*

192. Soit, par exemple (*fig.* 159), un arc de cercle *ab* ayant pour centre le point *c*; il est évident que tout autre arc de cercle qui aura son centre sur le rayon *cb* ou sur son pro-

longement, sera touché en *b* par le premier arc et se raccordera parfaitement avec lui.

On peut proposer deux questions principales sur les courbes à plusieurs centres.

193. 1re QUESTION. *Faire passer une ligne courbe par plusieurs points donnés.*

Soit trois points *a*, *b*, *c* (*fig.* 160); on mènera les cordes *ab*, *bc*, et les lignes *dm*, *hn*, perpendiculaires sur les milieux de ces cordes; puis du point *m*, pris où l'on voudra, sur *dm*. On décrira un premier arc *ab*. Quant au second arc *bc*, il doit avoir son centre sur la ligne *hn* perpendiculaire au milieu de *bc*; mais pour qu'il se raccorde avec le premier arc, il faut qu'ils aient la même tangente au point *b*. Il faut donc que le centre du second arc soit sur le rayon *bm*. Il sera donc au point *n*, où les deux lignes *bm*, *hn*, se rencontrent.

On voit que la question proposée est indéterminée, et que par trois points donnés on peut faire passer une infinité de courbes à deux centres, dont la forme dépend du centre que l'on choisit pour décrire le premier arc. Si l'on prenait le point *o* pour centre, les deux arcs n'en feraient qu'un; si l'on décrivait le premier arc du point *p* sur la ligne *bp* perpendiculaire à *bc*, le rayon de courbure du second arc serait infini, et cet arc se confondrait avec la corde *bc*, qui deviendrait tangente au premier arc.

194. On peut appliquer ces principes à la construction d'une courbe passant par tant de points que l'on voudra, et l'on reconnaîtra encore que la forme de la courbe dépend du centre du premier arc. Ainsi (*fig.* 161), en prenant ce centre en *i*, on a la courbe *abcde*, tandis que si l'on prend le point *o* pour premier centre, on obtient la courbe *ab'c'd'e*.

195. Pour obvier à l'inconvénient qui résulterait de cette indétermination, on tracera d'abord (*fig.* 162) au crayon et avec beaucoup de soin, la courbe que l'on se proposera de construire, puis après l'avoir partagée en parties égales par les points

a, *b*, *c*, *d*, *e*, on fera passer par *b* une perpendiculaire sur *ac*, par *c* une perpendiculaire sur *bd*, et ainsi de suite. Toutes ces lignes pourront être considérées comme des normales à la courbe, et leurs intersections successives donneront les centres de courbure.

196. 2ᵉ Question. *Construire une courbe à plusieurs centres et tangente à des droites données.*

Soit (*fig.* 163) les deux droites *ab*, *ac*; on veut décrire une courbe qui les touche en *b* et en *c*. Pour cela, on construira d'abord *bo*, *ci*, perpendiculaires aux deux tangentes données, puis on décrira un premier arc *bd*, en prenant pour centre un point *o* situé où l'on voudra sur la droite *bo*, de manière, toutefois, que l'arc *bd* ne touche pas la tangente *ac*. Portant le rayon *bo* de *c* en *h*, on joindra le point *o* avec le point *h* par la droite *oh* sur le milieu de laquelle on élevera la perpendiculaire *si*, dont la rencontre avec la ligne *ci* donnera en *i* le centre du second arc. En effet, on aura $ih = io$, et par conséquent $ih + hc = io + od$, puisque $od = hc$. Donc le second arc tangent en *c* passera par le point *d*; de plus, il se raccordera avec le premier arc, puisque si au point *d* on menait une perpendiculaire à *od*, elle le serait aussi au rayon *id* du second arc, d'où il suit que les deux arcs auraient une tangente commune en *d*, et se toucheraient en ce point.

Si le centre du premier arc était situé sur la ligne qui partagerait l'angle *bac* en deux parties égales, cet arc toucherait aussi la ligne *ac* au point *u*, éloigné du point *a* d'une quantité $au = ab$, et la partie droite *cu* remplacerait le second arc dont le rayon serait alors infini.

197. Si les deux tangentes étaient parallèles, on opérerait de la même manière. Enfin, si la courbe devait être assujettie à passer par un point donné, le problème serait déterminé.

Soit, par exemple, (*fig.* 164) les deux droites *ab*, *cd*. On veut décrire une courbe qui touche ces deux lignes en *b* et en *c*, et qui passe par le point *h*. On construira *bo*, *ci*, perpendiculaires sur les deux tangentes; on mènera, de plus, les deux cordes *bh*, *he*, sur les milieux desquelles on élevera des perpendiculaires. Le centre du premier arc sera déterminé par l'intersection de *bo* avec la perpendiculaire sur le milieu de *bh*, et le centre du second arc sera donné par l'intersection de *ci* avec la perpendiculaire sur le milieu de *hc*.

198. Si l'on veut construire une courbe tangente aux divers côtés d'un polygone quelconque (*fig.* 165), on commencera par l'indiquer au crayon avec le plus de régularité possible; puis, après avoir bien arrêté les points où l'on veut que la courbe touche le polygone, on joindra ces points deux à deux par des courbes à deux centres, du genre de celle que nous avons construite (196).

Lieux géométriques.

199. Nous avons précédemment regardé une courbe comme représentant le chemin parcouru par un point qui se meut suivant une certaine loi; mais souvent on considère une ligne courbe comme étant le lieu où se trouvent réuni un nombre infini de points qui satisfont tous à certaines conditions données. Dans ce cas, la courbe prend le nom de *lieu géométrique;* ainsi, la circonférence d'un cercle est le lieu de tous les points qui, dans un même plan, sont à égale distance d'un point donné que l'on nomme *centre*.

La droite qui partage un angle en deux parties égales est le lieu de tous les points également éloignés des côtés de cet angle.

Nous allons donner une idée de la construction de quelques lieux géométriques et de leur usage.

200. *Étant donnés un cercle et une droite, construire le lieu de tous les points à égale distance de la droite et de la circonférence du cercle.*

Soit (*fig.* 166, *Pl.* 28) la droite *ap* et le cercle qui a son centre en *c*. On abaissera de ce point une perpendiculaire sur la droite op, et l'on prendra le milieu de la partie de cette perpendiculaire comprise entre la droite et la circonférence du cercle, ce qui donnera en o un point de la courbe cherchée. Pour en construire d'autres, faisons $od = oh$; menons au point h une ligne hu parallèle à ap, et décrivons du point c, comme centre, l'arc du. L'intersection de cet arc et de la droite hu donnera en u un second point de la courbe. En effet, on a $zu = ph = di = us$. Donc,

$$zu = us.$$

On construira de cette manière autant de points que l'on voudra.

Tout cercle qui, ayant son centre sur cette courbe, toucherait la doite donnée, serait aussi tangent au cercle donné.

201. Si l'on voulait construire *le lieu de tous les points à égale distance des deux cercles* c, e, on joindrait les centres par la droite ce, et le point, x, milieu de nm, appartiendrait au lieu cherché. Prenant ensuite $xv = kx$, et décrivant vy, yk, des points c, e, comme centres, on aura en y un second point de la courbe cherchée. En répétant cette construction, on aura autant de points que l'on voudra, ce qui déterminera la courbe txy.

Tout cercle ayant son centre sur cette courbe, et qui toucherait le cercle c, serait aussi tangent au cercle e.

C'est par une construction analogue que l'on a obtenu la courbe pq, qui contient les centres de tous les cercles qui sont touchés intérieurement par le cercle c, et extérieurement par le cercle e.

202. *Étant donnés trois cercles, que je désignerai par* a, b, c (*fig.* 167), *construire un cercle qui les touche tous les trois.*

On construira d'abord le lieu mn, qui contient les centres des cercles tangens aux cercles a et b. On construira de même le lieu contenant les centres des cercles tangens aux cercles *a* et *c*, et l'intersection des courbes *mn*, *pq* donnera en *x* le centre d'un cercle qui touchera les trois cercles donnés.

En construisant le lieu des centres des cercles qui touchent *b* et *c*, on obtiendrait une troisième courbe *rs* qui passerait encore par le point *x*; ce qui vérifierait les constructions.

On obtiendrait de la même manière les centres des cercles qui toucheraient extérieurement quelques-uns des cercles donnés, ou tous les trois. Dans le cas général, il y a huit cercles tangens à trois cercles donnés.

Je n'ai donné cette construction que comme un exemple d'application des lieux géométriques que nous emploierons par la suite dans plusieurs occasions; mais on trouvera dans les Traités de Géométrie ordinaire, d'autres moyens de résoudre les problèmes relatifs au contact des cercles.

203. *Étant donné un cercle dont le centre est en* a, *et un point* b *hors de ce cercle, construire le lieu contenant les pieds de toutes les perpendiculaires abaissées du point* b *sur les tangentes au cercle.*

On construira (*fig.* 168) les tangentes *cd*, *eh*, *vo*, et du point *b* on abaissera les perpendiculaires *bd*, *bh*, *bo*, ce qui donnera la courbe *mdbosubkm*.

Courbes d'essai.

Voici encore quelques applications des lieux géométriques.

204. *Soit donnée la courbe* bxc *et le point* a (*fig.* 169); *on demande de faire passer par ce point une tangente à la courbe.*

On construira un certain nombre de normales (183), puis abaissant du point donné une perpendiculaire sur chacune de ces normales, on aura le lieu *dxh*, qui contiendra les pieds de ces perpendiculaires, et le point *x* provenant de l'intersection de cette ligne avec la courbe proposée, sera le point de tangence; car il est évident que si, par ce point, on construit une normale xo, la droite ax sera perpendiculaire à cette normale, et par conséquent tangente à la courbe.

Pour ne pas faire de travail inutile, on commence par reconnaître quelle doit être à peu près la position du point de tangence, et l'on construit deux ou trois normales en-deçà, et autant au-delà de ce point.

205. Cette manière d'employer les lieux géométriques leur fait quelquefois donner le nom de *courbes d'erreur* ou *courbes d'essai.*

206. Tous les géomètres ont attaché une grande importance à la détermination rigoureuse des tangentes et des points de tangence; mais dans les applications, quelle que soit l'exactitude du principe dont on fait usage, on conçoit qu'il y aura toujours quelque erreur, que l'on pourra, dans le calcul, rendre aussi petite que l'on voudra, mais qui, dans les constructions graphiques, sera toujours dépendante de la perfection des instrumens, ou de l'habileté de celui qui les emploie. Ainsi, par exemple, lorsqu'on veut faire passer une droite par un point, il est certain que l'erreur que l'on commet dépend du plus ou moins de finesse dans la pointe du crayon avec lequel on aura tracé cette droite ou ce point.

Nous conclurons de là que, pour construire, par un point a (*fig.* 170), une tangente à la courbe bxd, on peut se contenter d'approcher une règle de manière que la ligne tracée par le point donné paraisse passer sur la courbe, sans augmenter la largeur du trait. Il est évident que la tangente sera, par ce moyen, aussi bien déterminée que si l'on avait obtenu d'abord le point de tangence, puisque, dans l'un comme dans l'autre cas, la plus grande erreur ne pourra excéder la largeur du crayon; mais on conçoit que ce dernier moyen de construire une tangente laisse de l'incertitude sur la véritable place du point de tangence, et si l'on voulait déterminer ce point, on construirait plusieurs cordes dont les directions prolongées passeraient par le point *a*, et la courbe *yx* contenant les milieux de toutes ces cordes, viendrait aboutir au point de tangence, et le déterminerait avec une exactitude suffisante pour la plupart des applications.

207. Ce moyen de construire une tangente ne peut être employé avec succès que lorsque la direction de la tangente est déterminée par un point extérieur ou par quelque autre condition. Si le point donné, par exemple, était sur la courbe, il est évident que la plus petite erreur, à droite ou à gauche de ce point, pourrait influer beaucoup sur la direction de la tangente, et par conséquent sur la position de tous les points qui devraient se trouver sur cette ligne.

Dans ce cas, il serait indispensable de commencer par déterminer la normale, soit par la construction indiquée (183), soit par tout autre moyen résultant de la définition de la courbe.

208. *Construire une tangente à une courbe* cyd, *parallèlement à une ligne donnée* ab.

On construira (*fig.* 171) quelques normales, et d'un point *a* pris où l'on voudra sur la droite donnée, on abaissera une perpendiculaire sur chacune de ces normales. La courbe *axz*, qui passera par les pieds de toutes ces perpendiculaires, coupera la droite *ab* en un point *x*. Or si, par ce point, on construit la normale *xo*, elle sera évidemment perpendiculaire à la ligne *ab*, et son intersection avec la courbe donnée déterminera le point de tangence *y* et la tangente *pq*, qui sera parallèle à *ab*, comme on le demandait.

Pour mener par le point *x* la normale *xo*, on prolongera les normales que l'on avait construites pour obtenir le lieu *axz*. Les intersections successives de ces normales donneront un arc *eo* appartenant à la développée de *cyd* (186), et menant par le point *x* une tangente à la courbe *eo* (204) ou (206), on obtiendra la normale *ox*.

209. On pourrait (*fig.* 172), pour construire la tangente

demandée, se contenter d'approcher la règle parallèlement à la ligne donnée *ab*, et l'on tracerait la ligne *pq* de manière qu'elle passât sur la courbe sans augmenter la largeur du trait, puis on construirait quelques cordes parallèles à la ligne donnée, et la courbe *zx*, passant par les milieux de ces cordes, viendrait aboutir au point de tangence et le déterminerait avec une exactitude suffisante (207).

210. *Construire une tangente à deux courbes données.*

On approchera (*fig.* 173) une règle de ces deux courbes, ce qui déterminera la tangente *pq* avec une exactitude suffisante. Quant aux points de tangence, on mènera deux ou trois tangentes à la courbe *axb*, et prenant les milieux des cordes formées dans la courbe *czd*, par les prolongemens de ces tangentes, on construira le lieu *uz*, qui déterminera le point *z*; on obtiendra de la même manière le point *x*.

211. *Partager un cercle en tant de parties égales que l'on voudra.*

Soit, par exemple (*fig.* 174), un cercle que l'on veut partager en sept parties égales.

On construira un rayon *va* et une ligne *bc*, perpendiculaire en un point quelconque pris sur le prolongement de ce rayon; puis ouvrant le compas d'une quantité que l'on jugera peu différente de la septième partie du cercle, on portera cette ouverture à partir du point *a*, en ayant soin de marquer sur la circonférence le sixième et le huitième point de division; faisant ensuite $bd = dc$, on joindra le point *b* avec le point 8, et le point *c* avec le point 6, par deux droites qui se couperont en *o*. Or, si le point *o* était sur la ligne *dv*, il est évident que les points 6 et 8 seraient symétriquement placés par rapport à cette droite, et que le septième point de division coïnciderait avec le point *a*; tandis que si le point *o* est au-dessus ou au-dessous de la ligne *dv*, on peut en conclure que l'on a pris une ouverture de compas trop grande ou trop petite.

Après trois ou quatre essais de ce genre, en diminuant

ou augmentant un peu l'ouverture du compas, on obtiendra une courbe qui coupera la ligne *dv* en un point *x*, et joignant ce point avec *b*, on déterminera l'extrémité de la septième partie de la circonférence.

Les points *b*, *c*, pouvant être pris à volonté, il faut les choisir de manière que la position du point *o* soit bien déterminée. Si l'on prenait ces points trop près du point *d*, les lignes *bo*, *co*, se couperaient trop loin et suivant un angle trop aigu; la courbe d'essai pourrait même se trouver à droite du point *d*, ce qui serait moins commode que dans l'exemple proposé.

212. La construction précédente a été employée (*fig.* 175) pour déterminer le tiers de l'arc *ab*.

Ce problème est connu sous le nom de *trisection de l'angle ou de l'arc.*

De la manière de représenter les courbes planes.

213. Soient deux droites AX, AY, que l'on supposera, pour plus de simplicité, rectangulaires entre elles; la première se nomme l'*axe des abscisses*, la seconde est l'*axe des ordonnées*; lorsqu'on parle de ces deux droites, on les nomme *axes coordonnés*; le point A se nomme l'*origine*.

Si l'on conçoit un point *m* dans le plan YAX, et que, par ce point, on construise *mp* parallèle à la ligne AY, et *mq* parallèle à la ligne AX; *mp* se nommera l'*ordonnée*, et *mq* sera l'*abscisse* du point *m*; de sorte que la position du point *m*, par rapport aux axes AY, AX, sera déterminée lorsque l'on donnera son abscisse et son ordonnée.

Presque toujours on prend pour l'abscisse la partie de la droite AX comprise entre le point A et le pied de l'ordonnée.

214. Une courbe étant connue, lorsque l'on connaît la position de tous ses points, on peut faire pour chacun d'eux les constructions que nous venons d'indiquer. Ainsi, pour construire la courbe *abcdef* (*fig.* 177), il suffira de cons-

truire l'abscisse et l'ordonnée correspondant à chacun de ses points.

215. Si l'on voulait *copier une courbe ou la réduire*, il suffirait de copier ou réduire, d'après un rapport donné, les abscisses et ordonnées de chacun de ses points. Ainsi la courbe $a'b'c'd'e'f'$ représente la courbe *abcde* réduite à une dimension moitié.

216. Pour rectifier la courbe *abcdef*, c'est-à-dire pour avoir sa longueur absolue, on portera les arcs *ab*, *bc*, *cd* à la suite les uns des autres, ce qui donnera $a''b''c''d''e''f''$; bien entendu que les points *a*, *b*, *c*..., etc., doivent être assez rapprochés les uns des autres pour que l'on puisse, sans erreur sensible, prendre la distance de deux points consécutifs pour la grandeur de l'arc qui les joint.

217. Quelquefois, *pour définir une courbe, on énonce les relations qui doivent exister entre les abscisses et les ordonnées de ses points.*

Ainsi, par exemple, si l'on demandait une courbe telle que pour chaque unité d'augmentation de l'abscisse, l'ordonnée dût augmenter de la moitié de l'ordonnée précédente, on construirait les points *mnApq* à égale distance les uns des autres; et en supposant que le point *a* soit donné sur la ligne AY, on construirait *ma*, qui, par son prolongement, donnera le point *b*; *nb* donnerait le point *c*, A*c* donnerait le point *d*, et ainsi de suite, en sorte que *abcd*....*o* serait la courbe demandée. En effet, on aura

$$cq : dr :: Aq : Ar :: 2 : 3;$$

donc,

$$2dr = 3cq, \quad dr = \frac{3cq}{2} = cq + \frac{cq}{2}.$$

On voit que dans cette courbe les abscisses étant en progression par différence, les ordonnées correspondantes forment une progression par quotient. Cette propriété a fait donner à ces sortes de courbes le nom de *logarithmiques*.

Courbes du second degré.

218. On nomme *courbe du second degré*, celle dont toutes les propriétés peuvent être exprimées par une équation du second degré.

Les constructions que nous allons indiquer sont les conséquences de ces propriétés, qu'il faut étudier dans les traités de Géométrie analytique.

219. Les courbes du second degré sont au nombre de trois, savoir : l'ellipse, la parabole, l'hyperbole.

Ellipse.

220. L'ellipse est une courbe telle que *la somme des distances de chacun de ses points à deux points fixes pris dans son plan, et que l'on nomme foyers, est une quantité constante.*

On exprime ordinairement cette quantité par $2a$.

221. *Construction de l'ellipse.* De la propriété que nous venons d'énoncer, et que l'on peut regarder comme la définition de l'ellipse, il résulte deux moyens de construire cette courbe.

Soit (*fig.* 179, *Pl.* 29), F et F′ les deux foyers, on prendra le point F pour centre, et avec un rayon quelconque F*o*, on décrira un premier arc de cercle ; puis du point F′ comme centre avec un rayon $F'O = 2a - FO$, on décrira un second arc. Le point où ces deux arcs se couperont appartiendra à l'ellipse, car il est évident que la somme de ses distances aux deux foyers sera égale à $2a$. En opérant de la même manière pour les deux foyers, et décrivant les arcs au-dessus et au-dessous de la ligne qui les joint, on peut obtenir en même temps quatre points de la courbe.

222. Le point A, milieu de FF′, se nomme *le centre de l'ellipse* ; toute ligne droite passant par ce point est un dia-

8

mètre, et se trouve partagée par le centre en deux parties égales.

Le plus grand de tous les diamètres est celui qui contient les foyers; on lui donne le nom de *grand axe*. Le plus petit, que l'on nomme *petit axe*, est toujours perpendiculaire au grand.

Il est facile de voir que le grand axe est égal à $2a$, car pour le point X, extrémité de ce grand axe, on doit avoir, comme pour tout autre point de la courbe, $XF + XF' = 2a$; mais comme $XF = X'F'$, il en résulte $X'F' + F'X = 2a$, ou enfin $XX' = 2a$.

Les distances Fu, $F'u$, d'un point de la courbe aux foyers se nomment *rayons vecteurs*, et la distance Au se nomme simplement *rayon*. On voit que dans l'ellipse tous les rayons ne sont pas égaux. Le plus grand est AX, moitié du grand axe, et le plus petit rayon AY est la moitié du petit axe.

223. Le cercle est une ellipse dont les deux axes sont égaux et dans laquelle le centre et les foyers se confondent en un seul point.

224. Le second moyen de construire l'ellipse consiste à placer deux épingles aux foyers F et F'; puis, après avoir noué par les deux bouts un fil dont la longueur totale soit égale à $2a$ plus FF', on tendra ce fil de manière qu'il prenne la forme du triangle $FF'u$, dans lequel les sommets F et F' seront occupés par les deux épingles, et le point u par un crayon que l'on fera glisser en tendant toujours le fil. Il est évident que le contour du triangle étant représenté par la longueur du fil, que nous avons faite égale à $2a$ plus FF'; et la base FF' de ce triangle ne changeant pas, il restera toujours $2a$ pour la somme des deux côtés variables, quelle que soit, du reste, la place où l'on conduira le crayon qui occupe le sommet u de ce triangle.

225. Une ellipse étant construite, on peut se proposer de

retrouver son centre, ses axes et ses foyers. Pour cela, on menera deux cordes parallèles vs, pq, et la droite passant par les milieux de ces cordes sera un diamètre. Le milieu A de ce diamètre sera le centre de la courbe. Du point A, comme centre, on décrira un cercle de manière à couper la courbe en quatre points qui seront toujours symétriquement placés, puis abaissant du centre des perpendiculaires sur les cordes qui joignent ces points deux à deux, on aura les axes de l'ellipse. Enfin, du point Y, comme centre, avec un rayon égal à la moitié du grand axe, on décrira un arc de cercle FkF', qui par son intersection avec le grand axe déterminera les deux foyers.

226. En combinant les propriétés du cercle avec celles de l'ellipse, on en déduit (*Géom. anal.*) que si un cercle et une ellipse (*fig.* 180) ont un axe commun X′X, et que l'on prenne sur cet axe une abscisse Ap (213), on aura toujours : l'ordonnée correspondante pour le cercle est à l'ordonnée de l'ellipse comme le grand axe est au petit axe.

De là résultent plusieurs moyens de construire l'ellipse, lorsque l'on connaît les deux axes.

227. Du centre de l'ellipse avec des rayons égaux à la moitié des axes, on décrira deux cercles concentriques ; on construira par le centre un rayon quelconque Am qui coupera le plus petit cercle au point n ; puis construisant mo parallèle au petit axe, et no parallèle au grand, l'intersection de ces deux lignes donnera en o un point de la courbe. En effet, on aura

$$mp : op :: Am : An :: a : b ;$$

ce qui est conforme au principe que nous venons de citer.

228. Mais de tous les moyens de construire les ellipses, les plus commodes sont ceux que nous allons indiquer.

Après avoir tracé les deux axes $AX = a$, $AY = b$ (*fig.* 181), on prend un morceau de carte que l'on taille bien droit en forme de petite règle ; puis, après avoir marqué sur cette carte et à partir de l'extrémité o, deux grandeurs $om = a$, $on = b$, on la fait mouvoir de manière que le point m ne quitte pas l'axe AY, et que le point n ne quitte pas l'axe AX. Dans ce mouvement, le point o décrira l'ellipse, de sorte qu'il suffira de marquer avec un crayon un certain nombre des points successivement occupés par le point o.

Cette manière de décrire l'ellipse résulte encore du principe énoncé (226); car si du point m, comme centre avec un rayon mo, on décrivait un cercle en prenant pour abscisse $mp = AS$, on pourrait considérer op comme l'ordonnée du cercle, et os comme celle de l'ellipse, d'où l'on aurait encore

$$op : os :: om : on :: a : b.$$

229. Enfin, au lieu de prendre mn égal à la différence des demi-axes, on pourrait le faire égal à leur somme, et le point o placé entre les points m et n, décrirait encore l'ellipse.

230. Étant donné un des axes et un seul point, on peut encore construire l'ellipse.

Soit donné, par exemple, AX égal à la moitié du grand axe, et le point o appartenant à la courbe, on construira AY perpendiculaire sur AX. On prendra une ouverture de compas égale à AX, et du point o, comme centre, on décrira l'arc cs, dont l'intersection avec AY donnera le point m; en joignant om, le point n sera déterminé, et la construction se fera comme précédemment.

La courbe étant indiquée au crayon, on pourra, si l'on veut, la construire au compas, chercher la développée utz, et opérer comme nous l'avons dit (195).

Diamètres conjugués.

231. Lorsque deux diamètres XX′, YY′ (*fig.* 182) sont tels que les tangentes aux extrémités de l'un d'eux sont parallèles à l'autre, on les nomme *diamètres conjugués*, et si on les prend

pour axes des abscisses et ordonnées, on dit que l'ellipse est rapportée à ses diamètres conjugués.

232. *Construire une ellipse, connaissant ses diamètres conjugués.*

Sur l'un d'eux, comme diamètre, on décrira la demi-circonférence X*m*X', et l'on construira le triangle A*m*Y dont les élémens sont donnés ; puis, sur une ordonnée quelconque du cercle, on fera un triangle *npq* semblable à *m*AY : le point *q* appartiendra à l'ellipse. En recommençant, on obtiendra autant de points de la courbe que l'on voudra. Cette construction provient de ce que la propriété énoncée (226) convient aussi à l'ellipse construite sur ses diamètres conjugués. (*Géom. analytique.*)

Si l'on voulait retrouver le grand axe, il suffirait de joindre le centre avec le milieu de l'arc *c*X.

Tangentes à l'ellipse.

233. Pour construire une tangente à l'ellipse, on pourrait opérer comme nous l'avons indiqué (206); mais la définition de la courbe et les propriétés qui en sont la conséquence fournissent des moyens plus rigoureux de résoudre ce problème.

234. *Construire une tangente à l'ellipse par un point donné sur la courbe.*

Le point *m* étant donné sur la courbe (*fig.* 183), on décrira du point A, comme centre, avec un rayon AX' égal à la moitié du grand axe, l'arc de cercle X'*n*, qui coupera en *n* l'ordonnée passant par le point *m*, on construira (*Géom.*) la droite *pn* tangente à cet arc en *n*, et le point *p*, où cette tangente ira rencontrer le prolongement du diamètre XX', appartiendra à la droite *pm*, qui est la tangente demandée. Cette construction vient de ce que si plusieurs ellipses ont un axe commun, et que par tous les points situés sur la même ordonnée on construise des tangentes, toutes ces tangentes doivent concourir en un même point sur le prolongement de l'axe commun. Or, le cercle pouvant être considéré comme une ellipse, la tangente au cercle détermine le point où doit aboutir celle de l'ellipse. (*Géom. analytique.*)

235. Une autre propriété de l'ellipse nous fournit un second moyen de construire la tangente.

Si par un point c de la courbe on mène des droites cX, cX', aux extrémités d'un diamètre, ces droites se nomment *cordes supplémentaires*, parce qu'à elles deux elles soutendent la demi-circonférence de l'ellipse. Or, on démontre (*Géom. anal.*) que si par le point A on construit un rayon Am' parallèle à la corde cX', la tangente au point m' sera parallèle à la corde cX ; de là résulte cette construction.

Le point m' étant donné, on le joindra avec le centre par le rayon Am'; on construira la corde cX' parallèle au rayon Am'. Enfin, la corde supplémentaire cX donnera la direction de la tangente cherchée, et comme l'on a déjà un point m' de cette tangente, il sera facile de la construire.

236. Enfin, un troisième moyen de solution résulte de cette propriété, que si en un point m'' de la courbe on mène une tangente et les deux rayons vecteurs (222), la tangente fera des angles égaux avec les rayons vecteurs, d'où résulte cette construction.

Après avoir déterminé les foyers F, F', on construira les deux rayons vecteurs Fm'', F'm''; on partagera l'angle Fm''F' en deux parties égales, ce qui donnera la normale. Enfin, la ligne qm'', perpendiculaire à la normale, sera la tangente.

237. *Construire une tangente à l'ellipse parallèlement à une droite donnée.*

Soit os la droite donnée. On mènera d'abord la corde cX parallèle à la droite os, puis la corde supplémentaire cX';

enfin le rayon Am', parallèle à cX', déterminera le point de tangence, et par conséquent la tangente, qu'il sera facile de construire, puisque sa direction est donnée.

238. *Construire une tangente à l'ellipse par un point donné en dehors de cette courbe.*

Soit o le point donné (*fig.* 184). De ce point, comme centre, et prenant pour rayon sa distance à l'un des foyers, on décrira un premier arc $bF'c$; de l'autre foyer F, comme centre avec un rayon égal au grand axe de l'ellipse, on décrira un second arc qui coupera le premier en deux points s, u. On joindra ces points avec le centre du second arc par deux droites dont les intersections avec la courbe seront les points de tangence.

En effet, le rayon du second arc étant égal au grand axe, on aura

$$sm' + m'F = 2a;$$

mais par la propriété de l'ellipse (220), on a

$$F'm' + m'F = 2a,$$

donc,

$$sm' = m'F'.$$

Ainsi, le triangle $sm'F'$ est isoscèle; mais le point o, centre du premier arc, est à égale distance des points s, F'. Donc la droite om' est perpendiculaire à sF', et partage l'angle $sm'F'$ en deux parties égales. Donc enfin l'angle $om'F' = pm'F$, et la droite op faisant des angles égaux avec les rayons vecteurs, est une tangente (236). Il en est de même de la droite oq.

Parabole.

239. *La parabole est une courbe telle que pour chacun de ses points la distance à une droite nommée directrice est égale à la distance à un point que l'on appelle foyer.*

Construction de la parabole. Soit (*fig.* 185) *co* la directrice, et le foyer F. Pour construire la parabole, on abaissera la perpendiculaire FD, et le point A, milieu de cette perpendiculaire, sera un point de la courbe. Pour en obtenir d'autres, on construira en un point *p* quelconque une perpendiculaire *pm*, et du point F, comme centre avec un rayon égal à *p*D, on décrira un arc de cercle qui coupera la perpendiculaire *mp* en deux points *m*, *m'*, appartenant à la parabole. On recommencera jusqu'à ce que l'on ait un assez grand nombre de points pour construire la courbe.

240. On pourrait aussi construire la parabole par un mouvement continu.

Pour cela, on placerait une règle coïncidant avec la directrice, et prenant une équerre *cab*, on attacherait au point *b* et au foyer F de la parabole, un fil dont la longueur totale serait égale au côté *ab*. Or, il est évident que si l'on pousse l'équerre avec un crayon dont la pointe serait placée au sommet de l'angle *u*, afin de maintenir contre l'équerre l'une des parties *bu* du fil, l'autre partie *u*F de ce fil, qui représente la distance au foyer, sera toujours égale à la distance *ua* du point *u* à la directrice; ce qui est conforme à la définition de la parabole.

La droite AX, qui passe par le foyer et qui est perpendiculaire à la directrice, se nomme le *grand axe*.

Une parabole peut être considérée comme une ellipse dont le grand axe est infini. Il est évident d'après cela que le centre est aussi à l'infini, ainsi que le second foyer. (*Géom. anal.*)

241. Une parabole étant donnée, on peut se proposer de retrouver *son grand axe*.

On construira deux cordes parallèles, et la droite *qs* passant par les milieux de ces cordes sera un diamètre; construisant *mm'* perpendiculaire sur *qs*, on en prendra le milieu *p*, ce qui donnera un point du grand axe que l'on menera parallèlement à *qs*.

Cela vient de ce que dans la parabole tous les diamètres sont parallèles. (*Géom. anal.*)

Tangentes à la parabole.

242. Si le point de tangence est donné sur la courbe, on construira (*fig.* 186) l'ordonnée *mp* passant par ce point; puis portant A*p* de A en *q*, ce dernier point appartiendra à la tangente.

Cette construction résulte de ce que, *dans toute parabole, la distance* qp, *que l'on nomme la sous-tangente, est toujours double de l'abscisse du point de tangence.*

243. Si par le point *s*, milieu de *qm*, on mène une perpendiculaire à la tangente, le point F, où cette perpendiculaire rencontrera l'axe AX, sera le foyer de la parabole. Enfin, portant AF de A en D, et construisant la perpendiculaire *c*D, on aura retrouvé la directrice.

244. On peut encore, pour construire la tangente, opérer comme il suit :

On joindra le foyer F avec le point de tangence, par la droite F*m*, et après avoir mené *m*F′ parallèle au grand axe AX, on partagera l'angle F*m*F′ en deux parties égales par la droite *m*S qui sera la normale; il ne restera plus qu'à mener au point *m* une perpendiculaire sur *sm*.

Dans cette construction, *m*F′ remplace le rayon vecteur allant aboutir au second foyer, situé à l'infini, comme nous l'avons dit plus haut.

245. Si l'on voulait mener *une tangente parallèle à une ligne donnée* bc, on construirait la corde A*d* parallèle à cette ligne, et la droite *um*′, menée par le milieu de A*d* parallèlement à l'axe AX, déterminerait en *m*′ le point de tangence; ce qui suffit, puisque la direction de la tangente est donnée.

246. *Construire une tangente à la parabole, par un point hors de la courbe.*

Soit *o* (*fig.* 187) le point donné. On décrira de ce point, comme centre, et passant par le foyer, un arc de cercle *u*F*s* qui coupera la directrice aux deux points u, s; on menera par ces deux points et parallèlement à l'axe AX les droites sm', um'', dont les intersections avec la courbe seront les points de tangence.

Cette construction est analogue à celle que nous avons donnée (238), la directrice remplace le cercle décrit du second foyer comme centre.

Hyperbole.

247. L'hyperbole ne diffère de l'ellipse qu'en ce qu'au lieu de la somme, c'est la différence des rayons vecteurs qui est égale à une quantité constante que l'on nomme $2a$.

248. *Construction de l'hyperbole.*

Les foyers FF' d'une hyperbole étant donnés, ainsi que la quantité $2a$ qui est la différence des rayons vecteurs, du point F', comme centre avec un rayon quelconque F'o, on décrira un arc de cercle; ensuite du point F, comme centre avec un rayon FO égal à $F'o + 2a$, on décrira un second arc, et le point où ces deux arcs se couperont appartiendra à la courbe demandée.

249. On peut aussi décrire l'hyperbole par un mouvement continu. Pour cela, on attachera une règle par son extrémité, de manière qu'elle puisse tourner autour du foyer F', puis au foyer F, et à l'autre extrémité de la règle, on attachera un fil dont la longueur totale $mc + c$F doit être égale à la longueur de la règle moins $2a$; il est évident que si l'on pousse la règle avec un crayon placé au point c, quelle que soit la place où l'on conduira ce crayon, la partie cF du fil sera toujours égale à cF' moins $2a$; ce qui est conforme à la définition de l'hyperbole.

250. Ici comme dans l'ellipse, toute ligne telle que mn, qui passe par le milieu de deux cordes parallèles, se nomme *un diamètre*, et le point A, milieu de la portion de ce diamètre comprise entre les points où il coupe la courbe, se nomme *le centre*. Le diamètre XX', qui passe par les foyers, se

nomme l'*axe transverse*, et YY', qui lui est perpendiculaire, se nomme l'*axe non-transverse*. La portion BB' de l'axe transverse est égale à $2a$.

Asymptotes.

251. Il existe dans le plan de toute hyperbole deux droites qui jouissent de propriétés remarquables. Ces droites, AD, AE, passent par le centre de la courbe et s'en rapprochent sans jamais la toucher, ou en d'autres termes, elles ne touchent la courbe qu'à l'infini. On leur donne le nom d'*asymptotes*.

252. Les asymptotes fournissent un moyen aussi simple qu'élégant de construire une hyperbole lorsqu'on en connaît un point. En effet,

Soit donné le point s et les deux asymptotes DD', EE'. On construira dans une direction quelconque et passant par le point s, la sécante pu, et prenant ps, on le portera de u en v; ce qui donnera le point v. De même, construisant une autre sécante si, on portera st de e en i. En continuant ainsi dans toutes les directions, on aura autant de points que l'on voudra sur les deux branches de la courbe.

253. La courbe étant construite, le centre et les axes pourront être retrouvés comme dans l'ellipse. Pour obtenir les foyers, on décrira un arc du point A, comme centre, de manière à passer par le point h, où l'asymptote est rencontrée par l'ordonnée Bh; les intersections de ce cercle avec l'arc transverse seront les foyers.

On ferait l'opération inverse si l'on voulait construire les asymptotes connaissant les foyers. (*Géom. anal.*)

Tangentes à l'hyperbole.

254. Les tangentes à l'hyperbole s'obtiennent par les mêmes moyens que les tangentes à l'ellipse.

Ainsi, par exemple, m étant le point donné (*fig.* 189), on construira le rayon Am, puis la corde B'c parallèle à ce rayon, enfin la corde supplémentaire cB, qui sera parallèle à la tangente et qui en déterminera la direction.

255. On peut encore, pour obtenir la tangente en un point donné de l'hyperbole, construire pm' parallèle à l'asymptote ; puis faisant Ao = 2Ap, le point o appartiendra à la tangente. Cette construction provient de ce que, dans toute hyperbole, si l'on construit une tangente, le point de tangence doit toujours occuper le milieu de la portion de la tangente comprise entre les asymptotes. (*Géom. anal.*)

256. Enfin, on peut encore construire la tangente en un point donné m', en construisant les deux rayons vecteurs F$'m'$, Fm', et partageant l'angle que ces rayons font entre eux, en deux parties égales.

257. Pour construire une tangente parallèle à une ligne donnée ts, on menera d'abord la corde Bc parallèle à cette ligne, puis la corde supplémentaire B$'c$; enfin le rayon Am parallèle à B$'c$ déterminera en m le point de tangence, et comme l'on connaît la direction de la tangente, il sera facile de la construire.

258. *Construire une tangente à l'hyperbole par un point pris en dehors de cette courbe.*

Soit o le point donné. De ce point, comme centre, on décrira un premier cercle passant par l'un des foyers F. De l'autre foyer F$'$, comme centre avec un rayon égal à B$'$B = $2a$, on décrira un second cercle, et l'on joindra par deux droites les points d'intersection de ces deux cercles avec le foyer F$'$ qui a servi de centre au second cercle ; les points $m'm''$, où ces droites rencontreront la courbe, seront les points de tangence.

259. La similitude entre les constructions précédentes et celles que nous avions indiquées plus haut pour l'ellipse est une conséquence de l'analogie qui existe entre les propriétés des deux courbes. (*Géom. anal.*)

Projection des lignes courbes.

260. Soit ABCD (*fig.* 191, *Pl.* 30) une courbe quelconque située dans l'espace. Si de chaque point de cette courbe on abaisse une perpendiculaire sur le plan de projection P, la courbe *abcd* qui contient les pieds de toutes ces perpendiculaires sera la projection de la courbe ABCD.

La surface qui contient toutes les perpendiculaires A*a*, B*b*, C*c*, etc., se nomme *surface projetante ;* on lui donne aussi le nom de *cylindre projetant.* La courbe *abcd* se nomme aussi la *trace du cylindre projetant.*

On voit qu'une seule projection ne suffit pas pour déterminer une courbe dans l'espace, car il est évident que la projection *abcd* conviendrait pour toute ligne courbe tracée dans la même surface projetante.

261. Il résulte de ce que nous venons de dire, que pour déterminer la grandeur et la position d'une ligne courbe dans l'espace, il faut la projeter sur deux plans, car alors chacun de ses points étant déterminé de position, la courbe elle-même sera déterminée.

262. La *projection verticale* d'une courbe est la ligne qui passe par les pieds de toutes les perpendiculaires abaissées des différens points de cette courbe sur le plan vertical, et la projection horizontale est la ligne qui contient les pieds de toutes les perpendiculaires abaissées sur le plan horizontal.

263. Soit (*fig.* 192) *abcdefghik* la projection verticale d'une courbe quelconque, et *a'b'c'd'e'f'g'h'i'* sa projection horizontale; il est évident que la courbe sera déterminée dans l'espace, car devant être en même temps dans les deux surfaces projetantes dont les lignes données sont les traces, elle sera l'intersection de ces deux surfaces et participera de la courbure de chacune d'elles.

C'est par cette dernière raison que l'on donne aux courbes en général le nom de *courbes à double courbure.*

264. Si l'on partage la projection verticale *abcd*.... en un assez grand nombre de parties pour que l'on puisse sans erreur sensible considérer chacune d'elles comme une ligne droite; si on porte tous ces petits arcs à la suite les uns des autres, comme on le voit (*fig.* 193), la ligne *abc....ka*, que l'on obtiendra, sera le développement de la projection verticale de la courbe.

Supposons actuellement qu'à chacun des points *a*, *b*, *c*, on élève sur la droite que l'on vient d'obtenir une perpendiculaire égale à la distance du point correspondant de la courbe donnée au plan vertical de projection (10) et que par les extrémités A, B, C, ... K, A, de ces perpendiculaires on fasse passer une courbe, on aura le développement de la surface projetante perpendiculaire au plan vertical.

La courbe ABCD.....KA représente ce que devient la courbe donnée dans le développement de sa surface projetante.

On aurait pu de la même manière développer la surface projetante perpendiculaire au plan horizontal.

265. Prenant les arcs AK, KI, IB, etc., et portant leur longueur en ligne droite et à la suite les uns des autres (*fig.* 194), on obtiendra la courbe donnée dans sa véritable longueur. C'est ce qu'on appelle *rectifier une ligne courbe*.

266. Si l'on voulait obtenir les projections des points qui, à partir du point A, partageraient la courbe donnée en trois parties égales, on partagerait la ligne droite AA; ce qui donnerait deux points M, N, que l'on rapporterait d'abord dans le développement (*fig.* 193), d'où l'on déduirait facilement les points *m*, *n*, qui, rapportés eux-mêmes sur la projection verticale de la courbe, donneraient les projections horizontales *m'*, *n'*.

On emploierait le même moyen pour partager une courbe quelconque en tout autre nombre de parties égales ou ayant entre elles des rapports donnés.

267. On nomme *traces d'une courbe*, les points où cette courbe perce les plans de projection.

Soit (a, a') (*fig.* 195) une courbe donnée. Le point (h, h') ayant sa projection verticale sur la ligne de terre, appartient au plan horizontal, et représente la trace horizontale de la courbe. Le point (v, v'), dont la projection horizontale est sur la ligne de terre, sera la trace verticale.

Il est facile de reconnaître que (c, c') est le point où la courbe perce le plan horizontal p, et (d, d') celui où elle perce le plan vertical p'.

268. *Trouver l'intersection d'une courbe* (a,a') *avec un plan quelconque.*

Concevons (74) par cette courbe la surface projetante perpendiculaire au plan horizontal, et cherchons la ligne (b, b') qui provient de l'intersection de cette surface par le plan donné p''. Le point (m, m'), où les lignes a et b se rencontrent, est le point demandé.

Pour obtenir la ligne b, il suffit de construire les points où le plan p'' est percé par chacune des verticales q, q', q'', de la surface projetante.

On aurait pu tout aussi bien faire usage de la surface projetante perpendiculaire au plan vertical.

La seule différence qu'il y ait entre ce problème et celui de l'intersection d'une droite avec un plan, que nous avons résolu (70), c'est qu'alors la surface projetante était un plan perpendiculaire au plan de projection.

269. *Construire une tangente à une courbe quelconque.*

Nous avons dit (176) qu'une tangente à une courbe quelconque devait être considérée comme le prolongement d'un arc infiniment petit de cette courbe; on conçoit, en effet, qu'une ligne droite qui n'aurait qu'un point de commun avec une courbe, ne serait pas pour cela une tangente à cette courbe. Ainsi, une ligne droite oblique ou perpendiculaire au plan d'un cercle et qui passerait par un point de sa circonférence, n'aurait qu'un point de commun avec ce cercle, et cependant ce ne serait pas une tangente, parce qu'elle ne serait pas dans le plan de la courbe.

Une ligne qui n'aurait qu'un point de commun avec une courbe à double courbure quelconque ne serait pas non plus une tangente à cette courbe; il faut encore, pour que l'on puisse la considérer comme telle, qu'elle soit située dans le plan osculateur (179) qui contient l'arc infiniment petit dont elle est en quelque sorte le prolongement.

Nous avons (176) considéré une courbe comme un polygone composé d'une infinité de petits côtés; de même nous considérerons une surface courbe comme composée d'une infinité de petits élémens plans. L'un de ces élémens infiniment prolongés en tous sens, devient *le plan tangent* à la surface. Or, il est évident, d'après la manière dont nous considérons ici le plan tangent, qu'il contient les tangentes à toutes les courbes qui passent par le point de tangence; car l'élément infiniment petit de la courbe peut être considéré comme se confondant avec l'élément plan infiniment petit de la surface, et si on les prolonge l'un et l'autre, leurs prolongemens coïncideront dans toute leur étendue.

De là résulte le moyen de construire une tangente à une courbe à double courbure.

Soient (a, a') (*fig.* 196) les deux projections de cette courbe, le point de tangence (m,m') étant donné.

Concevons par le point m une tangente à la projection verticale de la courbe, on pourra considérer cette tangente comme la trace d'un plan perpendiculaire au plan vertical et tangent à la surface projetante. Or, d'après ce que nous venons de dire, ce plan doit contenir la tangente à la courbe; de plus, cette tangente doit être située dans le plan p', tangent à la surface projetante perpendiculaire au plan horizontal. Donc la tangente cherchée devant faire partie des deux plans p et p', sera leur intersection, d'où l'on voit que

270. *Pour construire une tangente en un point donné d'une courbe quelconque, il suffit de construire par les projections du point donné, deux tangentes aux projections de la courbe. Ces lignes seront les projections de la tangente à la courbe.*

271. *Construction de la normale.* Je dirai de la normale ce que je viens de dire de la tangente. Toute ligne droite passant par le point de tangence et perpendiculaire à la tangente, n'est pas nécessairement une normale. Il faut encore pour cela qu'elle soit dans le plan de la courbe, si cette courbe est plane, ou dans le plan osculateur, s'il s'agit d'une courbe à double courbure. Donc, si l'on veut obtenir la normale au point (m,m') de la courbe à double courbure (a,a') (*fig.* 196); on choisira deux autres points (n,n') (u,u') sur la courbe et à peu de distance du point donné (m,m'); puis après avoir construit les trois tangentes $(vu, v'u')$, $(sm, s'm')$, $(on, o'n')$, on déterminera les points v', s', o', où ces tangentes percent le plan horizontal, et l'on fera passer une courbe par ces points. Or, il est évident que si les trois points (uu'), (mm'), (nn'), étaient infiniment près l'un de l'autre, les trois tangentes pourraient être considérées comme dans un même plan qui serait le plan osculateur, et la ligne $v's'o'$ serait droite et se confondrait avec sa tangente $s'z'$. Donc, en construisant cette tangente, on pourra la regarder comme la trace du plan osculateur en (mm').

Faisant tourner ce plan autour de sa trace $s'z'$ pour le rabattre sur le plan horizontal de projection, le point de tangence (mm') viendra se placer en m''. La tangente sera représentée dans le rabattement par $s'm''$. On lui menera la perpendiculaire $m''z'$ qui sera la normale rabattue sur le plan horizontal. En faisant revenir le plan osculateur à sa place, le point (zz') ne bougera pas, et les deux projections de la normale seront $(zm, z'm')$.

272. *Projections des courbes planes.* Dans tout ce que nous venons de dire sur la projection des courbes, nous avons supposé, pour plus de généralité, qu'il s'agissait d'une courbe à double courbure; mais si la courbe était plane, et qu'on le sût d'avance, on pourrait souvent rendre les constructions plus simples en prenant (*fig.* 197) l'un des plans de projection perpendiculaire au plan de la courbe. Au moyen de cette

précaution, l'une des projections de la courbe sera une ligne droite provenant de la trace du plan qui la contient, et qui, dans ce cas, devient l'une des surfaces projetantes. Ainsi, le plan de la courbe (abc, $a'b'c'$) étant perpendiculaire au plan horizontal, sa projection sur ce plan sera la droite $a'c'$.

Si l'on voulait avoir la courbe dans sa véritable grandeur, on ferait tourner le plan qui la contient autour de sa trace verticale, et l'on obtiendrait $a''b''c''$. Les droites (db, db'') sont la projection verticale et le rabattement d'une tangente dont la projection horizontale se confondrait avec celle de la courbe.

273. *Les deux projections d'une courbe étant données, reconnaître si cette courbe est plane.*

Il est évident que toute courbe qui se projette en ligne droite est nécessairement une courbe plane.

Prenant sur la courbe deux points (aa', oo') situés, pour plus de simplicité, sur une même droite horizontale, et construisant le plan vertical p perpendiculaire sur cette horizontale, on cherchera la projection de la courbe sur ce plan; et si cette projection est une ligne droite, on pourra en conclure que la courbe est plane; car il est évident que toute courbe qui se projette par une ligne droite est nécessairement située dans le plan projetant dont cette ligne droite est la trace.

CHAPITRE II.

SURFACES COURBES.

Cylindres.

274. Nous avons dit en commençant la *Géométrie descriptive*, que cette science avait pour but la description et l'exécution des corps; mais comme l'exécution d'un corps dépend de la forme et par conséquent de la surface de ce corps,

nous sommes naturellement conduits à étudier les diverses espèces de surfaces.

Déjà dans le premier livre nous avons examiné les surfaces planes ; nous allons maintenant nous occuper des surfaces courbes.

275. La surface courbe la plus générale est celle que l'on peut regarder comme engendrée par le mouvement d'une ligne quelconque, droite ou courbe, plane ou à double courbure, constante ou variable de forme, que l'on ferait mouvoir suivant des conditions données.

276. L'énoncé de ces conditions et de la nature de la génératrice constitue la définition de la surface.

277. La plus simple des surfaces courbes est celle que l'on a nommée *surface cylindrique*.

On donne, en général, ce nom à toute surface contenant l'ensemble des lieux successivement occupés par une droite assujettie à se mouvoir parallèlement à elle-même, quelles que soient du reste les conditions qui déterminent ce mouvement. Le plus ordinairement on suppose que la droite mobile que l'on nomme *génératrice* est assujettie à s'appuyer constamment sur une courbe quelconque, plane ou à double courbure, que l'on nomme *la directrice*. Si cette directrice devenait une ligne droite, la surface serait plane. On peut donc dire que le plan n'est qu'un cas particulier parmi les surfaces cylindriques.

Le cylindre tel qu'on le considère dans la Géométrie élémentaire, a pour directrice un cercle dont le plan est perpendiculaire à la génératrice.

278. Il faut regarder les surfaces cylindriques comme étant en général infinies, sauf à n'employer que les portions de ces surfaces nécessaires à la solution des questions proposées.

Projections des cylindres.

279. Une surface cylindrique est déterminée lorsque l'on donne sa directrice et les deux projections de l'une de ses génératrices.

280. Soit *d,d'* (*fig.* 199, *Pl.* 31) les deux projections de la directrice d'un cylindre, *g,g'* les deux projections de la génératrice, en prenant sur la directrice autant de points que l'on voudra; il sera facile de faire passer par chacun de ces points une génératrice parallèle à celle qui est donnée, et l'ensemble de toutes ces lignes représentera la surface demandée.

281. Construisant les points où toutes ces génératrices vont percer le plan vertical, et faisant passer une courbe par tous ces points, on obtiendra la ligne *v*, que l'on nomme la *trace verticale du cylindre*. On obtiendra de la même manière la ligne *h*, qui est la trace horizontale. On reconnaît encore ici que dans le cas où le cylindre se changerait en un plan, ses deux traces deviendraient des lignes droites.

282. Si l'on conçoit sur une surface cylindrique une courbe quelconque coupant toutes les génératrices, il est évident que l'on pourrait prendre cette ligne pour directrice. Il existe donc une infinité de lignes qui pourraient servir de directrices à un même cylindre. Mais pour abréger les constructions, nous prendrons, autant que possible, les lignes dont les projections sont les plus simples, comme, par exemple, la trace horizontale ou la trace verticale.

283. Soit (*fig.* 200) un cylindre qui aurait pour trace horizontale la courbe fermée *h*. Prenons cette trace pour directrice, et les projections de la génératrice étant données, concevons un plan vertical *p* parallèle à cette génératrice. Supposons actuellement que l'on fasse mouvoir ce plan parallèlement à lui-même jusqu'à ce qu'il vienne toucher en *b*, la trace horizontale du cylindre. Alors il contiendra la génératrice extrême, et au-delà de ce point il ne touchera plus le cylindre. On peut donc dire que toutes les génératrices sont comprises entre celle dont la projection horizontale toucherait la directrice au point *b*, et celle qui la toucherait au point *a*. Ce sont ces génératrices que l'on choisit pour limites de la projection horizontale du cylindre.

On prendra pour limites de la projection verticale les génératrices dont les projections verticales toucheraient en *c* et en *d* la trace verticale du cylindre.

284. Par une convention analogue à celle qui a été établie (140) pour les polyèdres, nous distinguerons les génératrices des cylindres en génératrices vues et génératrices cachées. Ainsi, par exemple, il est évident que pour la projection horizontale, toutes les génératrices qui couperont la trace horizontale du cylindre en un point de l'arc *bha*, seront vues, tandis que les autres seront cachées; et pour les projections verticales, les génératrices vues sont celles qui couperont la trace verticale du cylindre en un point de l'arc *cvd*.

285. *Exprimer qu'un point appartient à la surface d'un cylindre.*

Il suffira, pour cela, de placer les projections du point sur les projections d'une des génératrices de la surface du cylindre.

Si, par exemple, on donnait la projection horizontale *m* d'un point du cylindre (*fig.* 200), et qu'il fallût obtenir la projection verticale de ce point, on construirait les projections de la génératrice qui le contient, puis élevant la perpendiculaire *m,m'*, la projection verticale demandée serait connue. Il y a ici deux solutions.

Pour exprimer qu'une courbe est située sur la surface d'un cylindre, il suffit de faire pour chacun ds ses points. La construction précédente.

Sections du cylindre.

286. Les sections et pénétrations des cylindres sont, avec celles des polyèdres, les combinaisons les plus utiles de la Géométrie descriptive.

287. Si l'on coupe une surface cylindrique parallèlement à sa génératrice, on obtiendra pour section une ligne droite; c'est la manière la plus simple de couper un cylindre. Toute autre section par un plan sera une courbe plane dont la forme

dépendra de la nature de la courbe qui aura servi de directrice au cylindre; mais parmi les sections par un plan, il faut distinguer surtout celle que l'on obtient en coupant le cylindre perpendiculairement aux génératrices. Cette courbe, que nous nommerons *la section droite du cylindre*, nous servira dans un grand nombre d'applications.

288. *Trouver l'intersection d'une ligne droite avec la surface d'un cylindre.*

Soit (a,a') (*fig.* 201) la droite donnée. On fera passer par cette droite un plan parallèle aux génératrices (83); ce plan coupera le cylindre suivant deux droites (b, b') dont les intersections avec la ligne donnée a, a', seront les points cherchés (m, m') : l'un est celui par lequel la droite entre dans le cylindre, et l'autre celui par lequel elle en sort.

On aurait pu (74) faire passer par la droite donnée un plan vertical ou incliné; mais, dans ce cas, la section du cylindre par ce plan aurait été une courbe, et la construction aurait été moins simple.

289. *Trouver l'intersection d'une ligne courbe quelconque avec la surface d'un cylindre.*

Prenant plusieurs points sur la ligne donnée (a,a') (*fig.* 202), on fera passer par ces points des parallèles aux génératrices du cylindre donné. On aura, par cette construction, une nouvelle surface cylindrique parallèle à la première, et qui la coupera suivant les deux droites (b, b'); passant par les points où les traces de ces deux cylindres se rencontrent, les intersections de la droite donnée avec les lignes (b, b'), sont les points demandés.

En général, le nombre de points d'intersection est le même que celui des points communs aux traces des deux cylindres.

On peut aussi faire passer par la ligne donnée une surface cylindrique perpendiculaire à l'un des plans de projection; alors les droites (b, b') sont remplacées par la courbe à double courbure provenant de l'intersection de cette surface avec le cylindre donné.

290. *Développer la surface d'un cylindre.*

On projettera (*fig.* 203) le cylindre proposé sur un plan parallèle à ses génératrices, afin d'avoir toutes ces lignes dans leur véritable longueur; menant ensuite par un point quelconque (a,a') un plan perpendiculaire à ces génératrices, la ligne *ab* sera la projection verticale de la *section droite* (287). Il serait facile de construire la projection horizontale de cette courbe, en abaissant des perpendiculaires de tous les points de division où sa projection verticale *ab* est rencontrée par les génératrices du cylindre; mais cette seconde projection serait inutile pour le but que nous nous proposons ici. Ce qui est plus essentiel, c'est d'obtenir la section *ab* dans sa véritable grandeur; pour cela, on la rabat sur le plan horizontal en la faisant tourner autour de la trace (a,a') du plan qui la contient, et l'on obtient la courbe $a'd'b'c'$ pour la véritable grandeur de la *section droite.*

Partageant cette courbe en parties assez petites pour que l'on puisse, sans erreur sensible, prendre la corde pour l'arc, et plaçant tous ces petits arcs à la suite les uns des autres sur la ligne droite *aa* (*fig.* 204), on élevera à chacun des points de division de cette ligne une perpendiculaire égale à la génératrice correspondante de la surface cylindrique que l'on se proposera de développer, puis faisant passer une courbe par les extrémités de ces perpendiculaires, on aura construit le développement du cylindre.

On doit se rappeler que la projection verticale de la fig. 203 étant parallèle aux génératrices du cylindre, donne immédiatement les véritables grandeurs de ces droites, qu'il suffira de porter avec le compas sur les lignes correspondantes du développement.

Si la place le permettait, on pourrait disposer l'épure comme nous l'avons fait pour obtenir le développement du prisme (*fig.* 143).

291. La construction que nous venons d'indiquer consiste à regarder le cylindre comme un prisme dont la surface se

composerait d'un très grand nombre de faces ; hypothèse qui n'est pas tout-à-fait exacte, mais qui suffit pour la plus grande partie des applications à l'industrie ; d'ailleurs, avec un peu de soin, on parviendra toujours à développer la section droite de manière à rendre tout-à-fait insensible l'erreur provenant de ce que l'on prend la longueur de la corde pour celle de l'arc.

292. Si la section droite était un cercle, le cylindre se nommerait *cylindre circulaire;* et dans ce cas, après avoir mesuré le rayon avec beaucoup de soin, on pourrait prendre une ligne égale à $2\pi R$ pour le développement de la section droite.

293. *Construire la section du cylindre par un plan oblique aux génératrices.*

Il est évident que cela revient à chercher les points où le plan donné est percé par chacune des génératrices du cylindre ; de sorte que la question est ramenée à trouver l'intersection d'une ligne droite avec un plan (70).

Soit, par exemple (*fig.* 205, *Pl.* 32), le cylindre que je désignerai par A, A'. Cherchant (70) le point où la génératrice a,a' perce le plan donné B, on obtient le point m,m' qui fait partie de la courbe cherchée. En recommençant la construction, on obtiendra autant de points que l'on voudra. Le cylindre donné ici comme exemple ayant pour directrice une ellipse, la section obtenue est une ellipse dont le centre est o,o'. En menant par chaque génératrice du cylindre un plan perpendiculaire au plan vertical, tous ces plans coupent le plan donné suivant un système de lignes parallèles entre elles ; de sorte que la direction de l'une d'elles (so'), par exemple, suffit pour déterminer celle de toutes les autres.

Pour obtenir la section dans sa véritable grandeur, on suppose qu'elle tourne autour de la trace verticale du plan donné jusqu'à ce qu'elle soit rabattue sur le plan vertical de projection. Chaque point de la courbe est déterminé dans ce rabattement par sa véritable distance à la droite Bn prise pour charnière, le point (m,m') est rabattu en m''.

Si l'on veut avoir la section dans le développement du cylindre, on projettera (150) le cylindre et la courbe obtenue sur un plan vertical p' parallèle aux génératrices; puis menant un plan p'' perpendiculaire à ces génératrices, on obtiendra (287) la section droite cd; on la rabattra en $c'd'$ en la faisant tourner autour de la trace horizontale du plan p'', puis construisant son développement cc'', il sera facile d'obtenir le développement du cylindre et de la courbe provenant de son intersection par le plan donné. Ce problème, qui renferme tous les cas particuliers de section de cylindre par un plan, n'est lui-même qu'une application du principe général développé (67). Le système de surfaces auxiliaires est représenté ici par les plans que l'on a menés suivant les génératrices du cylindre et perpendiculairement au plan vertical de projection.

294. Pour plus de généralité, nous avons résolu cette question en supposant que le plan et le cylindre avaient une position inclinée par rapport aux plans de projection; mais presque toujours, sans rien changer aux données de la question ni à leur position *relative*, on peut, par un choix convenable de plans coordonnés, rendre la construction beaucoup plus simple.

On placera (*fig.* 206) le cylindre perpendiculaire à l'un des plans de projection, au plan horizontal, par exemple, et on le supposera tourné de manière que le plan coupant B soit perpendiculaire au plan vertical. Par ce moyen, le plan donné et le cylindre deviendront les deux surfaces projetantes de la courbe demandée, qui aura pour projection verticale la droite ae, et pour projection horizontale $a'b'c'....h'$.

En faisant tourner le plan B autour de sa trace horizontale, on obtiendra la ligne $a''b''c''...h''$ pour la véritable grandeur de la section.

Enfin, la trace horizontale $a'b'c'...h'$ étant la section droite du cylindre, et les génératrices étant projetées sur le plan vertical dans leur véritable grandeur, il sera facile de construire (*fig.* 207) le développement du cylindre dans lequel la courbe $a'''b'''c'''... a'''$ représente le développement de la section oblique.

295. *Si l'on voulait trouver l'intersection de la surface d'un cylindre avec celle d'un polyèdre*, il suffirait de chercher les différentes courbes provenant de la section du cylindre par chacune des faces du polyèdre ; ce qui ne serait qu'une application du principe précédent.

Intersection des cylindres.

296. *Trouver la courbe provenant de l'intersection de deux cylindres.*

Nous avons vu, en général (67), que pour obtenir tous les points communs à deux surfaces, il fallait construire un système de surfaces auxiliaires coupant les surfaces données suivant des lignes qui par leur intersection deux à deux donneraient les points communs.

Or, la manière la plus simple de couper un cylindre, c'est parallèlement à son axe ; donc la manière la plus simple de couper deux cylindres, c'est parallèlement aux deux axes. De là résulte la construction suivante :

Soit (*fig.* 208, *Pl.* 33) (A,A') et (B,B') les deux cylindres dont on demande l'intersection. Par un point quelconque (m,m'), on construira deux droites parallèles aux génératrices des cylindres donnés; ces deux droites détermineront un plan p qui représente la surface C du principe général (67), et qui coupera le cylindre A suivant deux de ses génératrices désignées sur l'épure par (a,a'). Le même plan coupera le cylindre B suivant deux génératrices (b, b'). Or, ces quatre lignes étant dans un même plan, donneront par leur intersection quatre points (u,u') appartenant à la courbe cherchée.

Un second plan parallèle au plan p donnera quatre nouveaux points de la courbe.

Un troisième plan en donnera quatre autres, et ainsi de suite.

On continuera ces constructions jusqu'à ce que l'on ait obtenu un nombre de points suffisant pour tracer la courbe avec beaucoup d'exactitude. Il n'est pas nécessaire de construire de plan coupant hors de l'espace compris entre les plans p' et p'' dont les traces touchent celles des cylindres donnés, car il est évident que tout plan hors de cet espace couperait l'un des cylindres sans toucher ni couper l'autre, et par conséquent ne contiendrait pas de points communs. Lorsque la courbe sera entièrement obtenue, on regardera comme vu tout point provenant de l'intersection de deux génératrices vues (284). Tous les autres points sont cachés, et l'on tracera en ligne pleine toute la partie de la courbe qui contient les points vus, et le reste en ligne ponctuée.

Si l'on voulait obtenir la courbe dans les développemens des deux cylindres, il faudrait projeter chacun d'eux sur un plan parallèle à ses génératrices ; puis on construirait la section droite et le développement comme nous l'avons fait (290) (*fig.* 203 et 215).

297. On peut presque toujours, sans rien changer aux données de la question, simplifier la construction de l'épure. C'est ce que l'on a fait (*fig.* 209) : on a placé le cylindre A perpendiculairement au plan horizontal, et l'on a pris pour plans vertical un plan parallèle au cylindre B. Le système de plans coupant est parallèle au plan vertical ; les courbes *ou*, *vz*, proviennent de la pénétration des deux cylindres. La figure A″ est le développement du cylindre A, et B″ celui du cylindre B.

298. Quelquefois l'un des cylindres pénètre dans l'autre et s'y trouve entièrement engagé ; alors l'intersection se compose de deux courbes séparées, l'une d'entrée et l'autre de sortie, comme on le voit (*fig.* 210), dans ce cas on lui donne le nom de *pénétration*. Mais si l'un des cylindres n'était pas tout-à-fait engagé dans l'autre, l'intersection aurait la forme représentée (*fig.* 211), et on lui donnerait le nom d'*arrachement*.

La courbe obtenue (*fig*. 208) est un arrachement, et celles de la figure 209 forment une pénétration.

Du reste, comme ces courbes participent des courbures des deux cylindres dont elles sont les intersections, elles sont en général des courbes à double courbure.

Dans quelques cas particuliers, elles peuvent être planes.

299. *Trouver les points communs aux surfaces de trois cylindres.*

On construira la courbe provenant de l'intersection du premier cylindre avec le second. On cherchera l'intersection du second avec le troisième, et les points où ces deux courbes se rencontreront appartiendront aux trois cylindres.

Plans tangens aux cylindres.

300. *Construire un plan tangent à un cylindre par un point pris sur la surface de ce cylindre.*

Les génératrices d'un cylindre étant parallèles entre elles, supposons (*fig*. 212, *Pl.* 34) un plan *p'* qui contienne deux de ces génératrices (*ab*), (*cd*). Si l'on fait tourner ce plan autour de *ab*, pour le ramener dans la position du plan *p"*, la génératrice *cd* se rapprochera de *ab*, et la portion de surface cylindrique comprise entre ces deux lignes diminuera ; le point *d* parcourra l'arc *dob*, et se rapprochera du point *b* avec lequel il finira par se confondre ; alors le plan sera tangent, et sa trace touchera en *b* la trace du cylindre.

De là résulte la construction suivante :

Soit (*fig*. 213, *Pl.* 34) le cylindre A,A', et le point *mm'* situé sur la surface de ce cylindre. Par le point *bb'* où la génératrice qui contient le point donné rencontre le plan horizontal, on construira une tangente à la trace horizontale du cylindre : cette ligne sera la trace horizontale du plan tangent. Quant à la trace verticale, on l'obtiendra facilement en assujettissant ce plan à contenir un second point de la ligne (*bm*,*b'm'*).

Si l'on n'avait pas sur l'épure la trace horizontale du cylindre, on construirait la tangente au point où la ligne (bm, $b'm'$) rencontre la trace verticale ou toute autre courbe située sur la surface du cylindre. Ces deux droites détermineraient le plan tangent ; car ce plan devant toucher le cylindre dans toute l'étendue de (bm,$b'm'$), doit toucher toutes les courbes qui, sur la surface du cylindre, passent par un point de cette ligne ; il doit donc contenir leurs tangentes (269).

301. *Construire un plan tangent à un cylindre par un point pris en dehors de sa surface.*

Soit (*fig.* 214) le cylindre A,A' et le point m,m'. On construira parallèlement aux génératrices du cylindre la droite (mb,$m'b'$), et par le point (b,b') où cette ligne rencontrera le plan horizontal, on fera passer deux tangentes à la trace horizontale du cylindre ; ces deux lignes seront les traces horizontales de deux plans qui satisferont à la question. En effet, ces plans devant contenir la ligne (bm,$b'm'$) parallèle au cylindre, contiendront aussi les génératrices passant par les points de tangences c' et d', et toucheront le cylindre suivant la longueur de ces génératrices.

302. *Construire un plan tangent à un cylindre parallèlement à une ligne donnée.*

Soit (*fig.* 215) A,A' le cylindre, a,a' la droite donnée. En un point quelconque (m,m') de cette droite, on construira une seconde ligne b', b parallèle aux génératrices du cylindre. Ces deux lignes détermineront un plan p. En supposant que ce plan se meut parallèlement à lui-même, il viendra prendre la position des plans p' ou p''. Dans l'une ou dans l'autre position il sera tangent au cylindre, car le plan p contenant la ligne (b,b') parallèle au cylindre, les plans p' et p'' parallèles au plan p contiendront tout entières les génératrices passant par les points de tangence c', d', et toucheront le cylindre suivant ces génératrices.

303. *Construire une normale à un cylindre en un point de sa surface.*

On construira par le point donné mm' un plan tangent, et la perpendiculaire à ce plan sera une normale à la surface. Ainsi (*fig.* 216), le plan p touchant le cylindre en m,m', la droite a,a', menée par ce point perpendiculairement au plan p, est une normale à la surface du cylindre.

304. *Surface normale.* Si par chaque point d'une courbe cd, $c'd'$ située dans la surface du cylindre, on construit une normale, la surface qui contiendra toutes ces lignes sera une surface normale au cylindre.

CHAPITRE III.

LE CÔNE.

305. On nomme en général *surface conique*, celle qu'engendrerait une ligne droite assujettie dans son mouvement à passer toujours par un point fixe que l'on nomme le *sommet* du cône. La droite mobile se nomme la *génératrice* du cône. On suppose ordinairement que son mouvement est déterminé par la condition de s'appuyer toujours sur une courbe quelconque, plane ou à double courbure, que l'on nomme *directrice* du cône.

Soit, par exemple (*fig.* 217, *Pl.* 35), d,d' la directrice d'un cône, s,s' le sommet. En prenant sur la directrice autant de points que l'on voudra, on fera passer une génératrice g, g' par chacun de ces points et par le sommet du cône. Nous supposerons ici, comme nous l'avons fait pour le cylindre, que la génératrice, du cône est infinie; de sorte que la surface doit aussi être considérée comme infinie. Or, pendant que la génératrice, en s'appuyant sur la ligne d,d', engendre la surface d'un cône, le prolongement de cette génératrice engendre de l'autre côté du sommet une seconde surface conique. Mais comme une ligne droite passant par le sommet peut toujours s'appliquer en même temps sur ces deux surfaces, on les considère ordinairement comme n'en faisant qu'une, et on les nomme les deux *nappes* du cône.

Si le sommet du cône s'éloignait de la directrice à une distance infinie, les génératrices deviendraient parallèles entre elles, et dans ce cas la surface serait cylindrique. Enfin si la directrice était une ligne droite ou une courbe plane, dans le plan de laquelle se trouverait le sommet, ce plan lui-même représenterait le cône.

306. *Traces du cône.* La courbe *v* passant par les points où la génératrice du cône rencontre le plan vertical, se nomme la trace verticale du cône. La courbe *h* en est la trace horizontale.

Nous prendrons souvent cette dernière ligne pour directrice du cône.

307. *Projection du cône.* Soit (*fig.* 218) un cône ayant pour sommet *s*, *s'*, et pour directrice la courbe *bha*, située dans le plan horizontal. Si par le *s'*, on mène deux tangentes à cette courbe, il est évident que l'angle formé par ces tangentes comprendra les projections de toutes les génératrices du cône; car toute ligne droite dont la projection serait hors de cet angle, ne couperait pas la directrice. On prendra donc ces deux tangentes pour limites de la projection horizontale; par la même raison, les deux lignes *sc*, *sd*, seront prises pour limites de la projection verticale du cône.

308. *Exprimer qu'un point appartient à la surface d'un cône.* Il suffit pour cela de placer ce point sur l'une des génératrices du cône.

Sections du cône, développement de sa surface.

309. *Trouver l'intersection d'un cône par une ligne droite.*
(fig. 219) comme surface auxiliaire (74), un
onnée et passant par le sommet du
uivant deux génératrices désignées

toutes deux sur l'épure par les lettres *b, b'*, ces deux génératrices seront coupées par la droite donnée *a,a'*, en deux points *m,m'* qui satisfont tous deux à la question. La portion (*mm, m'm'*) de la ligne donnée est dans l'intérieur du cône.

Si l'on n'avait pas sur l'épure le sommet du cône, on pourrait faire usage de tout autre plan, comme par exemple d'un plan vertical ; alors l'intersection avec le cône serait une courbe plane et verticale, que l'on construirait facilement en cherchant les intersections de ce plan par les génératrices du cône.

310. *Trouver l'intersection d'un cône par une ligne courbe.*

On prendra (*fig.* 220) pour surface auxiliaire une seconde surface conique C, ayant même sommet que le cône donné A,A', et dont la directrice sera le courbe donnée (*a,a'*). Ces deux cônes se couperont suivant les deux génératrices communes (*b,b'*) (*b,b'*), et les intersections de ces deux droites par la courbe proposée seront les points demandés (*m,m'*) (*m,m'*).

Quand la ligne donnée est droite, comme dans le cas précédent, la surface conique auxiliaire devient un plan.

Si l'on n'avait pas le sommet du cône, il serait bon d'employer comme surface auxiliaire l'un des cylindres projetans de la courbe proposée.

L'intersection avec le cône ne présenterait aucune difficulté.

311. *Développer la surface du cône.*

On pourrait, en partageant la trace horizontale du cône en un assez grand nombre de petits arcs, prendre chacun de ces petits arcs pour une ligne droite, et l'on construirait le développement comme celui d'une pyramide oblique ; mais il est plus élégant d'opérer de la manière suivante :

Supposons que l'on ait attaché au sommet du cône un fil d'une longueur déterminée quelconque. Si l'on fait mouvoir l'extrémité de ce fil sur la surface du cône, on tracera sur cette surface une courbe dont tous les points seront à égale distance du sommet.

La construction de cette courbe ne présente aucune difficulté. En effet, du point *ss'* comme centre avec un r quelconque *sv*, décrivons le cercle *voz* que nous supposerons situé dans le plan *p* parallèle au plan vertical. Si nous faisons tourner la génératrice $sa, s'a'$ autour de la verticale du sommet, lorsqu'elle sera parvenue dans le plan du cercle *voz*, elle sera coupée par ce cercle en un point *o* éloigné du sommet du cône d'une quantité $so = sv$. Ramenant la génératrice à sa première place, le point o, o' viendra prendre la position u, u'. En recommençant cette construction, on obtiendra sur la surface du cône une suite de points à égale distance du sommet. La courbe qui contient tous ces points est évidemment située sur la surface d'une sphère qui aurait pour rayon *sv* et dont le centre serait s, s'. Si l'on éloignait ce point jusqu'à l'infini, le cône se changerait en un cylindre, la sphère en un plan, et par conséquent la courbe deviendrait plane et représenterait la section droite du cylindre.

Tous les points de la courbe que nous venons d'obtenir étant à égale distance du sommet du cône, si l'on conçoit cette courbe partagée en un grand nombre d'arcs très petits, et que par les points de division on fasse passer des génératrices du cône, on pourra sans erreur sensible garder la portion de surface conique comprise entre deux génératrices consécutives et le petit arc correspondant, comme un triangle isocèle; de sorte qu'en plaçant tous ces petits triangles à côté les uns des autres, leur ensemble formera un secteur de cercle. De là résulte la construction suivante. Du point s'' (*fig.* 223) avec un rayon égal à *sv*, on décrira l'arc de cercle $c''u'c'$ sur lequel on portera la longueur véritable de la courbe à double courbure obtenue précédemment, et le secteur $s''c''u'c'$ sera le développement de la portion de cône comprise entre cette courbe et le sommet; en portant sur chaque rayon prolongé la véritable grandeur de la génératrice correspondante, on construira facilement la courbe qui représente la trace verticale du cône.

Pour avoir la longueur de l'arc $c''u'c'$, on développera (*fig.* 222) le cylindre projetant de la courbe que l'on a tracée sur le cône, et partageant la courbe *cuc* en arcs très petits, on portera ces arcs à la suite les uns des autres sur le cercle $c''u'c'$; ce qui déterminera le secteur formant le développement du cône.

Si le cône avait pour base un cercle, et que son sommet fût sur la perpendiculaire passant par le centre, on lui donnerait le nom de *cône circulaire*. Dans ce cas (*fig.* 224), en décrivant un arc de cercle avec un rayon R égal au côté du cône, et faisant l'arc décrit égal à la circonférence de la base du cône, on aura le développement.

312. Si l'on voulait beaucoup d'exactitude, on opérerait ainsi : soit x l'angle du secteur, y l'arc qui lui sert de mesure, R le côté du cône, et r le rayon de la base, on doit avoir, en prenant l'angle droit pour unité,

$$x : 4 :: y : 2\pi R;$$

mais $y = 2\pi r.$

Substituant, on a $x : 4 :: 2\pi r : 2\pi R,$

ou enfin $x : 4 :: r : R;$

donc $x = \frac{4r}{R},$

ce qui donne l'angle du secteur.

313. *Section du cône par un plan quelconque.*

Soit (*fig.* 225, *Pl.* 36) le cône A, A' et le plan B; on construit (70) les points où ce plan est coupé par chacune des génératrices du cône, et l'ensemble de ces points représente la courbe cherchée.

Le système de plans auxiliaires dont on a fait usage ici, coupe le plan donné suivant un système de lignes droites qui concourent en un point dont la projection horizontale est c', et qui fait partie de la perpendiculaire abaissée du sommet du cône sur le plan vertical de projection.

On a rabattu la section sur le plan horizontal, en la faisant tourner autour de la trace horizontale du plan coupant ; dans ce rabattement, le point u, u', est venu prendre la position u'', et le point m, m', est rabattu en m''.

La figure A″ est le développement du cône ; on peut le construire, soit en considérant le cône comme une pyramide d'un grand nombre de faces, soit en opérant comme nous l'avons fait plus haut (311). Dans ce développement, la courbe dkd représente la section du cône par le plan B, et la courbe ene est le développement de la trace horizontale du cône.

314. Dans le plus grand nombre de cas, on simplifie les constructions en prenant de préférence un des plans de projection perpendiculaire au plan coupant.

C'est ce que l'on a fait (*fig.* 226), où l'on s'est proposé de construire les sections principales du cône droit à base circulaire.

La section par le plan Bp est une ellipse qui a pour projection verticale la droite Ba, et pour projection horizontale l'ellipse B$'a'$.

Le plan Bp', parallèle à la génératrice qui contient le point a, donne pour section une parabole dont la projection verticale est la droite Bb, et qui a pour projection horizontale la courbe b'B$'b'$.

Enfin la section par le plan Bp'' est une hyperbole dont les deux branches sont projetées verticalement par les droites Bc, B$''c''$, et horizontalement par les courbes c'B$'c'$ et $c''c''$.

Pour construire les projections horizontales de ces courbes, il suffit d'abaisser des perpendiculaires par les points où leurs projections verticales, qui se confondent avec les traces des plans coupans, sont rencontrées par les génératrices du cône. Si ces perpendiculaires rencontraient les génératrices suivant des angles trop aigus, on opérerait comme il a été fait pour le point n. Concevons par ce point un plan horizontal nn'' ; ce plan coupe le cône suivant un cercle dont la projection horizontale $n'''n'$ contient la projection n' du point n.

Pour obtenir l'ellipse Ba, B$'a'$ dans sa véritable grandeur, on l'a fait tourner autour de la trace horizontale du plan Bp, pour la rabattre dans la position B'''a''.

La parabole tournant autour de la trace horizontale du plan Bp' est rabattue en b'B$^{\text{IV}}b'$.

Enfin les deux courbes c'''B'c''' et c^{IV}B$^{\text{V}}c^{\text{IV}}$, sont les deux branches de l'hyperbole que l'on a fait tourner autour de la droite hk, perpendiculaire au plan vertical et passant par le point B.

La figure A'' est le développement de la nappe inférieure du cône, et A''' est celui de la nappe supérieure.

Intersection des cônes et des cylindres.

315. *Trouver la courbe provenant de l'intersection d'un cylindre et d'un cône.*

On coupera (67) ces deux surfaces par un système de plans parallèles au cylindre et passant par le sommet du cône. Par ce moyen, les sections dans le cône et le cylindre seront des lignes droites.

Soit par exemple (*fig.* 227, *Pl.* 37), le cylindre (A, A') et le cône (B, B') dont il faut trouver l'intersection. Construisons, par le sommet ss' du cône, la droite sc, $s'c'$ parallèle au cylindre, et faisons passer par cette droite un plan p ; ce plan sera lui-même parallèle au cylindre et le coupera suivant les deux lignes (a, a') (a, a') ; de plus, il coupera le cône suivant les deux génératrices (b, b') (b, b'). Or ces quatre lignes étant dans un même plan, donneront, par leurs intersections, quatre points (u, u')... appartenant à la courbe demandée. Trois de ces points sont au-dessus du plan horizontal ; le quatrième est dessous.

Un second plan contenant la droite (sc, $s'c'$) donnera quatre nouveaux points de la courbe.

Un troisième plan en donnera quatre autres et ainsi de suite.

On continuera ces constructions jusqu'à ce que l'on ait obtenu un nombre de points assez rapprochés pour tracer la courbe.

Tout plan dont la trace horizontale serait hors de l'angle

formé par les traces des plans p' et p'', ne couperait pas le cône, et par conséquent ne contiendrait pas de points communs aux deux surfaces.

Dans l'exemple présent, il y a deux courbes séparées, ce qui forme une pénétration.

316. En plaçant (*fig.* 228) le cylindre perpendiculairement à l'un des plans de projection, la trace du cylindre sur ce plan devient la projection de la courbe, et il ne reste plus qu'à élever des perpendiculaires par les points où cette projection est rencontrée par les projections des génératrices du cône.

317. *Trouver la courbe provenant de l'intersection de deux cônes.*

On construira (fig. 229) la droite (sv, $s'v'$), joignant les sommets des deux cônes, puis par cette droite on fera passer des plans. Chacun de ces plans contenant les deux sommets, coupera les cônes suivant des lignes droites qui par leur intersection donneront les points de la courbe demandée. Ainsi, par exemple, le plan p coupe le cône (A, A') suivant deux génératrices (a, a') (a, a'), et le cône (B, B') suivant les deux lignes (b, b') (b, b'). Ces quatre lignes donnent par leurs intersections, les quatre points (u, u')..... deux de ces points appartiennent à la courbe de pénétration par laquelle le sommet du cône B sort du cône A; le troisième fait partie de l'intersection formée par le prolongement des deux nappes inférieures des cônes, et le quatrième, projeté horizontalement en u', derrière le plan vertical, appartient à la ligne u' k' provenant de l'intersection des deux nappes supérieures des cônes.

318. Si l'on voulait obtenir les développemens de ces courbes, on opérerait comme nous l'avons dit plus haut (311).

319. Si l'on n'avait pas sur l'épure les sommets des cônes proposés, ni le point où la droite qui contient ces sommets rencontre le plan horizontal, on emploierait comme surfaces auxiliaires des plans parallèles aux plans de projection. Ces plans couperaient les cônes suivant des courbes semblables à

leurs traces et ces courbes, faciles à construire (314), se couperaient suivant des points appartenant à l'intersection demandée. Ce moyen s'emploie souvent avec avantage lorsque les traces des cônes proposés sont des cercles.

Plans tangens aux cônes.

320. *Construire un plan tangent à un cône, par un point pris sur la surface de ce cône.*

Concevons (*fig.* 230, Pl. 38), un plan qui contienne les deux génératrices *sa*, *sb*, d'un cône. Si l'on fait tourner ce plan autour de *sa* pour le ramener dans la position du plan *p'*, la génératrice *sb* se rapprochera de *sa*, et la portion de surface conique comprise entre ces deux lignes diminuera ; le point *b* se rapprochera du point *a*, avec lequel il finira par se confondre : alors le plan sera tangent au cône, et sa trace *cd* touchera en *b* la trace du cône.

De là résulte la construction suivante :

Soit (*fig.* 231) le cône A, A', et le point *m*, *m'* situé sur la surface du cône. Pour mener un plan tangent par ce point, on construira d'abord la génératrice *mb*, *m'b'* ; puis par le point *bb'*, où cette génératrice rencontre le plan horizontal, on mènera une tangente à la trace horizontale du cône. Cette ligne sera la trace horizontale du plan tangent dont la trace verticale se déterminera facilement, puisque ce plan doit contenir tous les points de la ligne *mb*, *m'b'*.

321. *Construire un plan tangent à un cône par un point pris en dehors de sa surface.*

Soit (*fig*. 232) le cône A, A', et le point (*m*, *m'*). On fera passer par ce point et le sommet du cône, la droite *sm*, *s'm'* ; et par le point *bb'*, où cette droite perce le plan horizontal, on construira deux tangentes à la trace horizontale du cône ; ces deux lignes seront les traces horizontales de deux plans qui satisferont à la question. Les traces verticales s'obtiendront facilement en assujettissant ces deux plans à contenir le sommet du cône ou tout autre point de la ligne (*sm*, *s'm'*).

322. *Construire un plan tangent à un cône parallèlement à une ligne donnée.*

Soit (*fig.* 233) le cône A, A', et la droite donnée *a*, *a'*. On construira par le sommet du cône la droite *sb*, *s'b'*, parallèle à la ligne donnée *aa'*. Il ne restera plus qu'à faire passer par la droite (*sb*, *s'b'*) deux plans tangens au cône ; ce qui se fera comme dans l'exemple précédent. On conçoit, en effet, que les deux lignes (*a*, *a'*) (*b*, *b'*) étant parallèles, tout plan contenant la ligne (*b*, *b'*) sera parallèle à la ligne (*a*, *a'*).

323. *Construire une normale à un cône en un point de sa surface.*

On construira par le point donné (*m*, *m'*) (*fig.* 234) un plan tangent *p* ; et la droite (*am*, *a'm'*), menée par le point (*mm'*) perpendiculairement au plan *p*, sera une normale à la surface du cône.

324. *Surface normale.*

Si, par chaque point d'une courbe (*cd*, *c'd'*) située sur la surface d'un cône, on construit une normale, la surface qui contiendra toutes ces lignes sera une surface normale au cône.

CHAPITRE IV.

LA SPHÈRE.

325. On considère ordinairement la sphère comme engendrée par le mouvement d'un demi-cercle *abd*, qui tournerait autour de son diamètre *ad*. Cette manière de concevoir la génération de la sphère lui a fait donner le nom de *surface de révolution*. Le demi-cercle, dont le mouvement engendre la surface sphérique, se nomme *génératrice*, et le diamètre autour duquel se fait le mouvement, se nomme l'*axe* de la sphère.

Pour plus de simplicité, nous prendrons toujours pour axe

un diamètre perpendiculaire à l'un des plans de projection; de sorte que toute section par un plan perpendiculaire à l'axe sera un cercle parallèle au plan de projection.

326. *Projection de la sphère.*

Si par le centre de la sphère (*fig.* 235, Pl. 39) on conçoit un plan p parallèle au plan horizontal, ce plan coupera la sphère suivant un grand cercle dont la projection horizontale sera prise pour celle de la sphère; de même on prendra pour la projection verticale de la sphère celle du grand cercle provenant de la section par le plan p' parallèle au plan vertical de projection.

327. Si nous supposons que le demi-cercle abd tourne autour de l'axe vertical ad pour engendrer la surface de la sphère, chaque point décrira un cercle horizontal dont le rayon sera déterminé par sa distance de ce point à l'axe. Ainsi, par exemple, pendant que le point bb' parcourra l'arc bh, $b'h'$, le point (mm') viendra se placer en nn'. Le cercle générateur étant toujours perpendiculaire au plan horizontal, sa projection sur ce plan sera la ligne droite $c'h'$; de sorte que pour avoir la projection verticale d'un de ses points, du point n, par exemple, on construira d'abord les deux projections mn, $m'n'$, du cercle que parcourt le point m; puis on élevera par le point n' une perpendiculaire jusqu'à la rencontre de la ligne mn. En recommençant cette construction, on obtiendra la courbe $anhd$, pour la projection verticale du cercle générateur amené dans la position $c'h'$.

La courbe $anhd$ est une demi-ellipse. (*Géom. anal.*)

Sections de la sphère.

328. On voit par ce qui précède, que le cercle générateur n'est pas la ligne la plus simple que l'on puisse tracer sur la surface d'une sphère, et qu'il sera plus commode dans les diverses questions qui pourront se présenter par la suite, de faire usage des sections de la sphère par des plans parallèles

aux plans de projections. Ainsi, par exemple, si nous coupons la sphère par un plan p'', parallèle au plan horizontal, nous obtiendrons pour section un cercle horizontal, projeté verticalement par la droite qm, et horizontalement par le cercle $q'v'm'u'$.

La section par le plan p''' sera le cercle (st, $s't'$).

329. *Exprimer qu'un point appartient à la surface d'une sphère.*

Supposons que l'on connaisse la projection horizontale e', et qu'il faille trouver la projection verticale; on construira par le point e' un plan p^{IV} parallèle au plan vertical et coupant la sphère suivant un cercle *ege* dont la projection verticale contiendra celle du point cherché; de sorte que pour déterminer cette projection, il suffira d'élever par le point e' une perpendiculaire à la ligne de terre jusqu'à la rencontre du cercle *ege*; ce qui donnera deux solutions.

Pour exprimer qu'une courbe (oz $o'z'$) est située sur la sphère, il suffira de faire pour chacun de ses points, la construction précédente.

330. Après les sections parallèles aux plans de projection, les lignes les plus simples que l'on puisse obtenir sur la sphère sont celles qui proviennent de sections par des plans perpendiculaires aux plans de projection.

Supposons, par exemple, que l'on veuille obtenir la section de la sphère A, A' (fig. 236) par le plan B. Construisons un plan p, parallèle au plan horizontal de projection. Ce plan coupera la sphère suivant un cercle a, a', et le plan donné suivant une droite bb'.

Cette droite coupera le cercle aa' en deux points (uu') qui feront partie de la courbe demandée. En recommençant cette construction, on obtiendra autant de points que l'on voudra.

Pour éviter les intersections qui auraient lieu suivant des angles trop aigus, on fera usage indifféremment de plans parallèles au plan horizontal, et de plans parallèles au plan vertical. Le plan horizontal passant par le centre de la sphère, donnera les points suivant lesquels la projection horizontale de la courbe touche le grand cercle qui représente la projection de la sphère.

331. On sait (*Géom.*) que la section d'une sphère par un plan est toujours un cercle; et qu'en outre ce cercle placé obliquement dans l'espace doit avoir pour projection une ellipse (*Géom. anal.*) Il sera facile de trouver les axes de cette ellipse. Pour cela on abaissera du centre de la sphère, la ligne (Ac, A$'c'$) perpendiculaire sur le plan coupant, et le point cc', où cette perpendiculaire perce ce plan, sera le centre de la section. Or lorsqu'un cercle est projeté obliquement, tous ses diamètres se raccourcissent, excepté celui qui est parallèle au plan de projection; de sorte que le grand axe de l'ellipse devant être horizontal et situé dans le plan B, sera parallèle à la trace horizontale de ce plan; de plus, vz est la projection verticale dans sa véritable grandeur, d'un diamètre de la section; donc en portant cz, avec le compas, de c' en h et de c' en k, on aura hk pour le grand axe de l'ellipse qui forme la projection horizontale du cercle cherché. Le petit axe, perpendiculaire au grand, doit être situé dans le plan p, parallèle au plan vertical, d'où il résulte que la projection v' du point vv', sera l'extrémité du petit axe de l'ellipse que l'on construira par le moyen indiqué (228).

332. On peut au reste éviter la projection oblique du cercle provenant de la section, en le faisant tourner, pour le rabattre sur l'un ou sur l'autre des deux plans de projection. Ainsi, par exemple, pour avoir la section par le plan B' perpendiculaire au plan horizontal, on fera tourner ce plan autour de la droite $a'a$, jusqu'à ce qu'il soit venu prendre la position B''. Dans ce mouvement le point e', qui représente le centre de la section, décrira l'arc horizontal $e'e''$ et viendra se projeter verticalement en e'''. De ce point comme centre avec un rayon $e'''s'''$ égal à $e's'$, on décrira un cercle qui sera la section rabattue dans sa véritable grandeur.

Il sera facile en ramenant la section à sa place, d'obtenir

sa projection verticale. Ainsi, par exemple, le point m', rabattu en m'' et projeté dans ce rabattement en m''', doit avoir sa projection verticale au point m' provenant de l'intersection de l'horizontale $m'''m$ avec la perpendiculaire $m'm$.

333. *Développement de la sphère.*

La surface de la sphère n'est pas développable d'une manière rigoureuse, c'est-à-dire qu'elle ne peut pas être étendue sur un plan sans déchirement; mais dans les applications à l'industrie on développe la sphère approximativement de deux manières différentes.

334. *Développement par fuseaux.*

Partageons en parties égales, en 16 par exemple, chacun des deux grands cercles formant les projections verticale et horizontale de la sphère A,A' (*fig.* 237), puis par les points de division menons les sept plans horizontaux o, 1, 2. 3, et les seize plans méridiens m, m... La surface de la sphère sera par suite de cette construction, partagée en 96 trapèzes plus 32 petits triangles, ayant pour sommet commun les points 4 qui sont les pôles de la sphère. Tous ces triangles et trapèzes auront une même hauteur, égale à la seizième partie d'un grand cercle de la sphère, et leurs bases projetées sur le plan horizontal dans leurs véritables grandeurs, seront égales chacune à la seixième partie de l'un des cercles provenant de la section de la sphère par les plans horizontaux o, 1, 2, 3.

En disposant ces trapèzes comme on le voit *fig.* A'', on aura le développement par fuseaux, de l'hémisphère supérieur. Les hauteurs des trapèzes sont égales aux arcs (o,1) (1,2) etc., et les bases sont données par les arcs horizontaux correspondans, et compris entre deux méridiens consécutifs (m, m...)

335. *Développement par zones.*

La figure A''' représente le développement par zones de l'hémisphère inférieur, il ne diffère du développement par fuseaux, que par la disposition des trapèzes, qui sont placés à côté les uns des autres, au lieu d'être l'un au-dessus de l'autre. On facilitera ce développement, en remarquant que la première zone, composée des seize trapèzes $a,a,a,\ldots$ peut être considérée comme la surface d'un tronc de cône dont le sommet serait situé en s, où l'axe de la sphère est rencontré par le prolongement de la corde qui joint le point o avec le point 1 ; de sorte que pour construire ce développement, on décrira d'un point s' comme centre, avec un rayon égal à so, un arc de cercle sur lequel on portera seize fois la seizième partie du grand cercle o. La seconde zone fait partie d'un cône qui a son sommet au point t. On en construira le développement de la même manière, et ainsi de suite.

Il est bien entendu que l'on doit partager les cercles en un assez grand nombre de parties égales pour que la courbure des arcs soit insensible. Si seize points de division ne suffisaient pas, on en prendrait davantage.

336. Les globes et cartes de géographie sont des développemens approximatifs de la sphère. Les premiers sont imprimés par fuseaux et collés ensuite sur un globe dont ils sont le développement; les cartes sont des développemens par zones.

On fait encore usage des développemens de la sphère, dans la construction des ballons, et dans l'architecture, pour le tracé des voûtes sphériques et coupoles.

337. Lorsque la zone que l'on doit développer a beaucoup de hauteur, et que l'on ne veut pas la partager en zones plus petites, on s'y prend de la manière suivante. Soit (*fig.* 238) ab l'arc générateur de la zone dont on veut construire le développement. On rectifiera cet arc et l'on en portera la longueur de b en i, l'on menera ih parallèle au rayon cb, puis enfin hk parallèle à ab. Il résulte de là que hk sera égal en longueur à l'arc amb. Or pendant que l'arc ab, tournant autour de cs, engendrera la zone proposée, la ligne hk engendrera un tronc de cône dont la surface différera peu de celle de cette zone, et l'on pourra prendre, sans erreur sensible, l'une de ces surfaces pour l'autre.

Si l'on voulait construire dans le développement un point m quelconque, appartenant à la surface de la zone, on joindrait ce point avec le centre de la sphère par un rayon cm, dont l'intersection avec la surface du cône déterminerait un point n qui serait placé dans cette surface à très peu près comme le point m dans la surface de la zone.

338. *Construire l'intersection d'une ligne droite avec la surface d'une sphère.*

Soit (a,a') (*fig.* 239, *Pl.* 40) la droite donnée; construisons par cette droite un plan p, perpendiculaire au plan horizontal; ce plan coupera la sphère (AA′) suivant un cercle vertical dont la projection horizontale b' se confondra avec celle de la droite donnée et qui aura pour projection verticale l'ellipse b, que l'on construira par l'un des moyens indiqués (330, 331). Ce cercle sera coupé par la droite (a,a'), suivant deux points (m,m') (m,m') qui appartiennent à la surface de la sphère.

On peut éviter la construction de l'ellipse b en faisant tourner le plan p autour de la verticale d,d', située dans ce plan, jusqu'à ce qu'il soit arrivé dans la position p'', parallèle au plan vertical. Dans ce rabattement, la droite donnée devient a'', et la section dans la sphère est le cercle b'', les points demandés sont $(m''m'')$; les projetant horizontalement en $(m'''m''')$, et ramenant le plan p à sa position primitive, on aura les projections (m',m'). Quant aux projections verticales (m,m), elles seront déterminées par les intersections des horizontales passant par les points m'',m'', avec les perpendiculaires à la ligne de terre, passant par les points (m',m').

339. *Construire l'intersection d'une ligne courbe avec la surface d'une sphère.*

On emploiera (*fig.* 240) comme surface auxiliaire (74) un cylindre C, perpendiculaire au plan horizontal et contenant la courbe donnée aa'. Cette surface qui n'est autre que le cylindre projetant de la ligne donnée, coupera la sphère suivant une courbe à double courbure, dont la projection horizontale b' se confondra avec a', et dont la projection verticale b sera coupée par la projection verticale de la ligne donnée en deux points (m,m), qui seront les projections verticales des points demandés (m,m') (m,m').

Pour construire la projection verticale de la ligne (b,b'), on élevera des perpendiculaires par les points suivant lesquels la trace du cylindre C coupe les projections horizontales d'un système de cercles (c,c') (c',c') établis sur la sphère.

340. *Construire la section de la sphère par un plan oblique aux plans de projection.*

Concevons (*fig.* 241) un plan horizontal p. Ce plan coupera la sphère suivant un cercle (a,a'), et le plan donné suivant une ligne (b,b'). Or le cercle (a,a') et la droite (b,b') étant dans un même plan, se couperont en deux points (m,m') (m,m'), qui feront partie de la courbe cherchée. En recommençant cette construction, on obtiendra autant de points que l'on voudra. Mais pour vérifier les constructions et pour éviter les intersections trop aiguës, il sera bon de faire simultanément usage de plans parallèles au plan horizontal, et de plans parallèles au vertical. Ainsi un plan p' parallèle au plan vertical, vérifierait la position de l'un des points m,m' et déterminerait celle du point nn'.

Cette méthode à l'inconvénient de laisser de l'incertitude sur la position du point le plus élevé, et sur celle du point le plus bas de la courbe.

On pourra trouver ces points, et en même temps on donnera plus d'exactitude aux constructions, en projetant la sphère sur un plan auxiliaire p'', vertical et perpendiculaire au plan coupant B. La projection A de la sphère sur ce plan s'obtiendra en prenant sur la projection verticale primitive, la hauteur du centre au-dessus du plan horizontal, et l'on aura la nouvelle trace du plan B, en projetant un point quelconque de ce plan sur le plan auxiliaire p''. Dans cette nouvelle projection verticale, la section, qui est une courbe plane, sera représentée par la ligne droite vz. Le point v sera le point le plus bas de la courbe, et le point z sera le point le plus élevé. Pour construire par ce moyen la projection horizontale d'un point de la courbe, on concevra comme précédemment un plan horizontal p, qui coupera la sphère suivant le cercle a', et le plan B suivant b', et l'intersection de b' avec a' donnera les deux points m', m'.

Mais comme l'on sait (*Géom.*) que l'intersection d'une sphère par un plan est toujours un cercle, il sera encore plus exact de rabattre ce cercle sur le plan horizontal, en le faisant tourner autour de la trace horizontale du plan B. Les deux points qui sur le plan auxiliaires p'' sont projetés en m''', viendront dans le rabattement sur le plan horizontal, se placer en $m^{\text{IV}}, m^{\text{IV}}$, et leurs projections horizontales (m', m') seront déterminées par les intersections de la ligne $m''b'$ avec les deux droites $m'm^{\text{IV}}$, $m'm^{\text{IV}}$, menées par les points m^{IV}, perpendiculairement à la trace horizontale du plan B.

Au lieu de la projection auxiliaire sur le plan p'', on aurait pu faire usage de la section, par un plan vertical p''' passant par le centre et perpendiculaire au plan B, et l'on aurait pu faire tourner ce plan autour de sa trace verticale, pour le rabattre dans la position A'''.

Au surplus je n'ai indiqué tous ces rabattemens que pour faire voir comment on peut vérifier les constructions, ou leur donner plus d'exactitude; mais il sera toujours préférable de prendre dès l'origine un plan de projection perpendiculaire au plan coupant.

341. La section de la sphère par un plan étant toujours un cercle, et la projection d'un cercle étant toujours une ellipse (*Géom. anal.*), on peut encore opérer comme il suit : Soit (*fig.* 242) la sphère A, A' et le plan B; on construira par le centre de la sphère, un plan p, perpendiculaire au plan B, en faisant tourner ce plan autour de la verticale, qui passe par le centre de la sphère; le point a ne bougera pas, et le point b viendra se placer en b' et se projettera en b''. Le cercle cherché, perpendiculaire au plan p, sera représenté dans ce

rabattement par la droite $v''z''$ égale à la véritable grandeur du diamètre de la section, le point u'', milieu de $v''z''$, étant ramené en u' et relevé en u, donnera les deux projections du centre. Le grand axe de la projection horizontale sera horizontal, et par conséquent parallèle à la trace horizontale du plan B, et le grand axe de la projection verticale sera parallèle à la trace verticale de ce même plan. De plus, les longueurs de ces grands axes sont égales à la ligne $v''z''$; et comme on sait que les petits axes des ellipses sont perpendiculaires aux grands, il ne manque plus (230) que de connaître ces petits axes ou un point quelconque de la courbe : le point z'' projeté horizontalement en z' et ramené en z sera l'extrémité du petit axe pour la projection horizontale de la courbe. En faisant par le centre de la sphère une section perpendiculaire à la trace verticale du plan B, et rabattant cette section comme nous venons de le faire pour le plan p, on aura le petit axe pour la projection verticale.

On peut encore remarquer que l'axe $m'n'$ étant horizontal, doit avoir sa projection verticale parallèle à la ligne de terre, de sorte qu'en élevant la perpendiculaire $m'm$, on aura un point de la projection verticale, ce qui, avec l'axe dh, suffit pour construire l'ellipse, et dispense de chercher le petit axe de la projection verticale du cercle.

342. On peut faire usage d'un plan oblique pour résoudre le problème énoncé (338).

Soit (*fig.* 243) la sphère A, A′, dont on demande l'intersection par la droite donnée (a,a'). Concevons un plan par cette droite et le centre de la sphère; l'intersection de la sphère par ce plan sera un grand cercle qui aurait pour projection horizontale une ellipse; mais on évitera la construction de cette ellipse en faisant tourner le plan coupant autour de l'horizontale c,c', passant par le centre de la sphère. Par suite de ce rabattement, la section dans la phère viendra se confondre avec le grand cercle qui en est la projection horizontale; la ligne donnée se rabattra en a'', et les points cherchés seront (m'',m''). Ces points reviendront à leur place, en décrivant deux arcs verticaux projetés en $(m'm'', m'm'')$, perpendiculairement à la ligne (cc') prise pour charnière du rabattement : les perpendiculaires (m,m') (m,m') détermineront les projections verticales des points demandés.

Intersection des sphères, cylindres et cônes.

343. *Trouver la courbe provenant de l'intersection d'une sphère et d'un cylindre.*

Pour obtenir sur la sphère les lignes les plus simples, il faudrait employer comme surfaces auxiliaires (67), des plans parallèles à l'un des plans de projection, mais alors les sections dans le cylindre seraient des courbes égales à sa trace, et que l'on ne pourrait construire que par points, excepté dans le cas où cette trace serait un cercle. On fera donc mieux d'employer des plans parallèles aux génératrices du cylindre et perpendiculaires à l'un des plans de projection. Il est vrai que les sections dans la sphère auront pour projections des ellipses, mais d'abord on trouvera facilement les axes de ces ellipses, qu'il ne sera pas même nécessaire de construire entièrement. Ensuite on pourra éviter la construction de ces courbes en projetant les sections faites dans le cylindre et dans la sphère, sur un plan auxiliaire vertical, et parallèle aux génératrices du cylindre. Ainsi, par exemple, pour obtenir l'intersection de la sphère (A,A') (*fig.* 244, Pl. 41) et du cylindre (B,B'), on construira un plan vertical p parallèle aux génératrices du cylindre ; ce plan coupera le cylindre suivant deux droites (b,b') (b,b'), qui, projetées sur le plan p'' et rabattues sur le plan horizontal, deviendront (b'',b''). La section dans la sphère sera représentée dans ce rabattement par le cercle a'', et les intersections de ce cercle par les droites (b'',b'') donneront quatre points (m''). En relevant le plan p'', il sera facile d'obtenir les projections horizontales $(m',m',)$ de ces quatre points, et par suite leurs projections verticales. En recommançant cette construction on obtiendra autant de points que l'on voudra.

Dans l'exemple que nous avons choisi, il y a deux courbes, ce qui forme une pénétration dans la sphère; une portion de l'une des deux courbes est située derrière le plan vertical de projection.

La question que nous venons de résoudre revient évidemment à chercher l'intersection de chacune des génératrices du cylindre avec la sphère ; il ne s'agit donc que de faire plusieurs fois la construction indiquée n° (338).

344. On évite ordinairement la projection auxiliaire sur le plan p'', en plaçant dès l'origine le cylindre parallèlement à l'un des plans de projection, comme on le voit (*fig.* 245).

345. *Construire la courbe provenant de l'intersection d'une sphère et d'un cône.*

Soient (*fig.* 246) la sphère A, A' et le cône donné B, B', on construira par le sommet du cône un plan vertical p, ce plan coupera le cône suivant deux lignes droites (b,b') (b,b'), que l'on rabattra en (b'',b'') sur le plan horizontal, en les faisant tourner autour de la trace du plan p, la section de la sphère par ce même plan sera le cercle a'', et les quatre points $(m'', m'', \ldots)$ feront partie de la courbe cherchée ; en ramenant le plan p à sa place, les points $(m'' \ldots)$ viendront se projeter horizontalement en $(m' \ldots)$, d'où il sera facile de déduire leurs projections verticales $(m \ldots)$.

346. Si la trace du cône était un cercle, on pourrait employer comme surfaces auxiliaires, des plans parallèles au plan de projection. Dans ce cas, comme on peut le voir (*fig.* 247), les sections dans le cône et dans la sphère seraient des cercles parallèles au plan de projection.

347. On devrait encore faire usage de plans parallèles aux plans de projection, si le sommet du cône n'était pas sur l'épure; alors on obtiendrait pour section dans le cône, des

courbes parallèles et semblables à sa trace, et la construction de ces courbes ne présenterait aucune difficulté.

348. *Construire la courbe provenant de l'intersection de deux sphères.*

Un plan p, parallèle au plan horizontal (*fig.* 248), coupera les sphères proposées suivant deux cercles, dont les projections verticales a et b, se confondront avec la trace du plan p, et dont les projections horizontales a', b', donneront par leur intersection deux points (m', m') appartenant à la projection horizontale de la courbe cherchée. Les projections verticales de ces mêmes points seront déterminées par les perpendiculaires $m'm$, $m'm$.

Le plan p' parallèle au plan vertical, vérifie la position de l'un des points précédens et détermine celle du point (n, n'). On obtiendra par ce moyen autant de points que l'on voudra.

Le plan horizontal p'', passant par le centre de la sphère B,B', donne les points u', v', où le grand cercle formant la projection horizontale de cette sphère est touché par la projection horizontale de la courbe cherchée, et le plan vertical p''', passant par le centre de la même sphère, donne les points s, z, suivant lesquels sa projection verticale est touchée par celle de la courbe.

349. On sait (*Géom.*) que la courbe provenant de l'intersection de deux sphères est un cercle, et que par conséquent ses projections doivent être des ellipses.

Si l'on voulait en déterminer les axes, on opérerait de la manière suivante : Concevons (*fig.* 249) un plan vertical p, contenant les centres de deux sphères (A, A') (B, B'). Ce plan les coupera suivant deux grands cercles verticaux qui, rabattus en p', en tournant autour de la ligne verticale Bo, seront représentés par les cercles a et b. Le cercle cherché, perpendiculaire à la ligne des centre, sera, par suite de ce rabattement, projeté par la ligne vz, qui sera la véritable grandeur du diamètre et par conséquent celle des grands axes st, xu : le point v projeté en v' et ramené en v'' donnera l'extrémité du petit axe pour la projection horizontale. En coupant les deux sphères par le plan p'', perpendiculaire au plan vertical, et rabattant ce plan dans la position p''', on obtiendra le point n'' pour l'extrémité du petit axe de la projection verticale. Enfin les plans p^{IV} p''', p^{V} p' menés par les centres des sphères et parallèlement aux plans de projection, détermineront les points suivant lesquels les grands cercles formant les projections de ces sphères sont touchés par les projections de la courbe.

350. On évitera une grande partie de ces constructions en prenant dès l'origine un plan de projection parallèle à la ligne des centres, comme on l'a fait pour obtenir l'intersection des deux sphères (B, B') (C, C') (*fig.* 248) : dans ce cas, la projection verticale de la section est la droite ab, et la projection horizontale a pour grand axe $cd = ab$, et pour petit axe $a'b'$, projection horizontale de ab.

Plans tangens aux sphères.

351. *Construire un plan tangent à une sphère par un point pris sur la surface de cette sphère.*

Soient (*fig.* 250 Pl. 42), la sphère (A, A'), et le point (m, m') situé sur la surface de cette sphère ; on construira le rayon $(Am, A'm')$, puis on fera passer (94) par le point (m, m') un plan p perpendiculaire à ce rayon. Ce plan sera tangent à la sphère (*Géom.*).

Toute ligne située dans le plan tangent et passant par le point m, m', sera une tangente à la sphère.

Le rayon am étant perpendiculaire au plan tangent, sera nécessairement normal à la surface de la sphère.

352. *Surface normale.*

Si par tous les points d'une courbe $(cd, c'd')$, située sur la surface d'une sphère (*fig.* 251), on construit un rayon, la surface qui contiendra tous ces rayons ainsi que leurs prolongemens, sera une surface normale.

353. *Construire par une droite donnée un plan tangent à une sphère.*

Par le centre de la sphère A (*fig.* 252), on fera passer un plan p, perpendiculaire à la droite donnée a. Ce plan coupera la droite en un point m, et la sphère suivant un grand cercle b; construisant les deux tangentes ms, mt, les plans p' et p'', contenant ces tangentes et la droite donnée satisferont à la question. En effet, le plan p' contenant la droite a, est perpendiculaire sur le plan p; d'où il suit, que le rayon Au situé dans ce plan, et perpendiculaire à la ligne mt, intersection des deux plans p et p', sera aussi perpendiculaire à ce dernier plan, qui alors sera tangent à la sphère. Le même raisonnement conviendra pour le plan p''.

Il ne reste donc plus qu'à exécuter cette construction. Pour cela :

Représentons la sphère donnée par (A, A') (*fig.* 253), et la droite donnée par (a, a').

On fera d'abord passer (94) par le centre de la sphère le plan p perpendiculaire à la droite (a, a'), et l'on déterminera (70) le point (m, m') suivant lequel ce plan coupe la droite donnée. Quant au grand cercle suivant lequel la sphère sera coupée par le plan p, il aurait pour projection une ellipse que l'on pourrait construire par l'un des moyens indiqués (220); mais pour éviter cette construction, on fera tourner le plan p, soit autour de sa trace, soit, comme on l'a fait ici, autour de l'horizontale (c,c') qui passe par le centre de la sphère. Dans ce rabattement la section (b, b') se confondra avec le grand cercle b'', formant la projection horizontale de la sphère, et le point (m, m') viendra se placer en m''. Il sera facile alors de construire les deux tangentes ($m''u''$, $m''v''$). Pour ramener ces deux lignes à la place qu'elles doivent occuper dans l'espace, on remarquera que les points t', s', ne doivent pas bouger, puisqu'ils appartiennent à la droite (c, c'), que l'on a prise pour charnière du rabattement; de sorte qu'en joignant ces deux points avec m', on aura ($m't'$, ms') pour les projections horizontales des deux tangentes. Les points t', s', se projetteront verticalement suivant (t, s), et détermineront les projections verticales (mt, ms) des tangentes.

On fera passer par chacune d'elles et par la droite donnée un plan, qui sera tangent à la sphère : les lignes ($u''u'$) ($v''v'$) perpendiculaires à c', donneront les projections des points de tangence.

354. En prenant (*fig.* 254) un plan de projection perpendiculaire à la droite donnée (a, a'), cette droite se projettera par un point (a'); les lignes menées par a' et tangentes à la projection horizontale de la sphère seront les traces des deux plans tangens (p', p''), qui auront leurs traces verticales perpendiculaires à la ligne de terre.

355. *Construire un plan tangent à une sphère, par un point situé hors de la surface de cette sphère.*

Par le plan donné m (*fig.* 255 Pl. 43), on fera passer une droite a par laquelle on construira deux plans tangens à la sphère (353), une seconde droite b déterminera deux autres plans tangens.

Une troisième droite c en donnera encore deux, et ainsi de suite. La question est donc ramenée au cas précédent. Le nombre des plans que l'on peut construire ainsi est infini. Tous ces plans seraient tangens à un cône circulaire enveloppant la sphère et la touchant suivant un cercle que l'on nomme courbe de contact.

Si le point donné se rapprochait de la sphère, l'angle du cône s'ouvrirait, le cercle de contact diminuerait, et son plan s'éloignerait du centre de la sphère ; enfin lorsque le point donné arriverait sur la surface de la sphère, tous les plans tangens se réduiraient en un seul, qui remplacerait le cône enveloppant; le cercle de contact, réduit à un point, se confondrait avec le point donné.

Si au contraire le point donné s'éloignait à l'infini, le cône se changerait en un cylindre circulaire, et le cercle de contact deviendrait un grand cercle de la sphère.

356. *Construire un plan tangent à la sphère parallèlement à une droite donnée.*

Nommons *m* la ligne donnée (*fig.* 256) ; une droite quelconque *a*, menée parallèlement à la ligne donnée, déterminera deux plans tangens qui satisferont à la question ; une seconde droite en donnera deux autres, et ainsi de suite. La question est encore indéterminée : le nombre des plans qui satisfont à la question est infini, ils toucheront tous un cylindre circulaire enveloppant la sphère et parallèle à la droite donnée. La ligne de contact sera un grand cercle dont le plan sera perpendiculaire à la direction de cette ligne.

357. *Construire un plan tangent à deux sphères.*

Concevons les deux sphères A, B (*fig.* 257), enveloppées par un cône circulaire ayant son sommet en *s*. Tout plan touchant ce cône sera tangent aux deux sphères données. Le nombre de ces plans est infini ; pour les construire, on pourra chercher la trace du cône et opérer comme nous l'avons dit (320) ; ou bien si l'on ne veut pas, ou que l'on ne puisse pas faire usage de cette trace, on fera passer par le sommet du cône une suite de droites par chacune desquelles on construira (353) deux plans tangens à l'une des deux sphères; chacun de ces plans touchera le cône dans toute l'étendue d'une génératrice, et contiendra par conséquent un point de la seconde sphère.

En enveloppant les deux sphères par le cône dont le sommet est en *u*, et construisant des plans tangens à ce cône, on obtiendra encore une série infinie de plans tangens aux deux sphères.

Si les deux sphères se touchaient, cette seconde série de plans se réduirait à un seul ; enfin, si elles se coupaient, il ne resterait plus que les plans tangens au cône dont le sommet est en *s*, lesquels plans se réduiraient eux-mêmes en un seul, si les sphères données se touchaient intérieurement.

358. Si l'on voulait *construire un plan tangent aux deux sphères par un point* m, *situé hors de leurs surfaces,* on joindrait ce point avec le point *s*, par la droite *sm* qui déterminerait deux plans tangens, la droite *um* en déterminerait deux autres ; ainsi le problème admettrait quatre solutions. Si le point donné

était placé en n ou en ν sur la surface de l'un des deux cônes et hors du second, le nombre des solutions se réduirait à trois.

Il n'y aurait que deux plans tangens si le point donné était en z ou en t, sur les cercles d'intersection des deux cônes.

Si le point donné était en x ou en y, c'est-à-dire sur l'un des deux cônes et dans l'intérieur de l'autre, il n'y aurait qu'un plan tangent.

Enfin le problème serait impossible, si le point donné était en même temps dans l'intérieur des deux cônes.

359. *Construire un plan tangent à trois sphères.*

Étant données les trois sphères A, B, C (*fig.* 258), on construira des cônes qui enveloppent ces sphères deux à deux, tant extérieurement qu'intérieurement; on obtiendra pour les sommets de ces cônes six points, $s\ t\ u\ x\ y\ z$, qui étant pris trois à trois, donneront quatre lignes droites, stu, sxz, tyz, uyx. Tout plan passant par l'une de ces droites et touchant l'une des trois sphères sera nécessairement tangent aux deux autres. Ainsi, par exemple, un plan qui contiendrait la droite stu et qui toucherait la sphère A, contiendrait dans toute son étendue l'une des génératrices du cône uA; il aurait donc un point de commun avec la sphère B, et comme il contient le point s, il toucherait le cône sB et par conséquent la sphère C.

Par chacune des quatre droites passant par les sommets des cônes, on pourra mener deux plans tangens (353), ce qui fera huit solutions pour le cas général.

Voici la disposition de ces plans.

	En-deçà de	Au-delà de
1	A, B, C.	....
2	....	A, B, C.
3	A.	B, C.
4	B, C.	A.
5	B	A, C
6	A, C.	B.
7	C.	A, B.
8	A, B.	C.

Si quelques-unes de ces sphères se touchaient, ou se coupaient, le nombre des solutions diminuerait. Si les sphères étaient égales, les deux premiers plans seraient parallèles; enfin si les rayons des sphères se réduisaient à zéro, les huit plans tangens se confondraient en un seul, les cônes enveloppans deviendraient trois lignes droites, et la question se réduirait à faire passer un plan par trois points.

360. *Construire un plan tangent à une sphère et à un cylindre.*

Concevons (*fig.* 259) la sphère enveloppée par un cylindre parallèle au cylindre donné; il ne restera plus qu'à construire un plan tangent aux deux cylindres. Pour y parvenir on coupera ces deux cylindres par un plan quelconque, ce qui donnera deux courbes que l'on sait construire; les tangentes communes à ces deux courbes appartiendront aux plans demandés; enfin on mènera par ces droites des plans parallèles aux deux cylindres. Si le cylindre donné B a pour directrice une courbe convexe et fermée, comme on le voit dans la figure, le problème admettra quatre solutions. En général, le nombre des solutions sera égal au nombre des tangentes que l'on pourra mener aux courbes provenant de l'intersection des deux cylindres par un plan quelconque.

361. Si le cylindre proposé B était circulaire, on pourrait encore opérer comme il suit : on inscrirait dans ce cylindre B une sphère C, puis l'on construirait le cône *s*C, qui envelopperait cette sphère et la sphère donnée; enfin menant par le point *s* une droite *a* parallèle au cylindre, on ferait passer (353) par cette droite deux plans tangens à l'une des deux sphères; ces plans satisferaient à la question. La droite *b*, menée parallèlement au cylindre par le sommet du cône qui enveloppe les sphères A et C intérieurement, déterminera deux autres plans tangens.

Si le rayon de la sphère donnée devenait égal à zéro la question se réduirait au problème du n° (301).

Si les génératrices du cylindre se rapprochaient et se réduisaient à une seule, on reviendrait à la question (353).

362. *Construire un plan tangent à une sphère et à un cône.*

Concevons (*fig.* 260) la sphère donnée A enveloppée par un second cône ayant le même sommet que le cône proposé. Il ne s'agira plus que de construire un plan tangent à ces deux cônes. Pour cela, on les coupera par un plan quelconque, ce qui donnera deux courbes auxquelles on menera des tangentes. On fera passer un plan par chacune de ces tangentes et le sommet commun des deux cônes. Dans le cas indiqué sur la *fig.* 260, il y aura quatre solutions.

363. Si le cône proposé est circulaire, on pourra inscrire dans ce cône une sphère C; puis construisant le cône qui envelopperait les deux sphères, on n'aura plus qu'à mener les plans tangens aux deux cônes. Joignant les sommets par la droite *sv*, on construira deux plans tangens à l'une des sphères, ces deux plans toucheront l'autre sphère; et le cône dans toute sa longueur.

La droite qui joint le point *s* avec le point *u* déterminera deux autres plans tangens.

Pour exécuter ces épures, on construira les projections des données, puis les tangentes aux projections des sphères seront les limites des cylindres ou cônes enveloppant. On opérera pour le reste comme dans les problèmes précédens.

CHAPITRE V.

Considérations générales.

364. En jetant un coup d'œil sur les questions diverses dont nous nous sommes occupés jusqu'à présent, il sera facile de rattacher nos idées à un petit nombre de principes généraux.

Dans le premier livre nous avons étudié les surfaces planes, et dans le second nous avons vu les surfaces cylindriques, coniques et sphériques.

Après avoir exposé les conventions adoptées pour déterminer la position des points et des lignes dans l'espace, nous avons dû chercher les moyens de représenter les surfaces.

365. Nous avons, pour cela, considéré chaque surface comme engendrée par le mouvement d'une certaine ligne assujettie à se mouvoir suivant des conditions données, *l'énoncé de ces conditions formant la définition de la surface.* Ainsi le plan est engendré par le mouvement d'une droite qui se meut parallèlement à elle-même, en s'appuyant toujours sur une autre droite immobile dans l'espace. La droite mobile se nomme la génératrice, et la droite sur laquelle elle s'appuie a reçu le nom de directrice. Si nous remplaçons cette dernière ligne par une courbe, nous obtenons une surface cylindrique; et si au lieu du parallélisme des génératrices, nous les faisons concourir en un même point, nous avons une surface conique.

Au reste, nous n'avons admis ces divers modes de génération que pour plus de simplicité, mais l'on n'est pas nécessairement contraint de s'y assujettir. En général, toute ligne, droite, ou courbe, que l'on ferait mouvoir d'après des conditions telles, que dans toutes ses positions elle serait toujours située dans une certaine surface, pourrait être regardée comme la génératrice de cette surface. Ainsi, par exemple, on pourrait encore engendrer le plan par une ligne droite qui tournerait autour d'une autre droite immobile, avec laquelle elle ferait constamment un angle droit. La droite fixe se nommerait l'axe du plan. Dans cette génération, qui a de l'analogie avec celle du cône, la droite génératrice changeant à chaque instant de direction dans l'espace, cette dernière condition eût été moins facile à représenter sur les épures, que le parallélisme des génératrices; c'est pourquoi ce dernier mode de génération a été préféré. On peut engendrer le cylindre en supposant qu'une courbe quelconque située sur sa surface, se meut parallèlement à elle-même, en s'appuyant toujours sur une ligne droite qui devient la directrice.

Pour le cône, on peut supposer qu'une courbe située dans sa surface, glisse parallèlement à elle-même en suivant toujours une droite directrice, de manière que, sans changer de forme, elle varie de grandeur proportionnellement à sa distance au sommet. Enfin au lieu de considérer la sphère comme provenant du mouvement d'un grand cercle qui tourne autour de son diamètre, on peut supposer qu'un cercle variable de grandeur se meut parallèlement à lui-même, de manière que son centre parcoure une ligne droite, et qu'en nommant R le rayon de la sphère que l'on veut engendrer, r le rayon du cercle générateur, et d la distance de son plan au centre de la sphère, on ait

$$r^2 = R^2 - d^2.$$

366. Il résulte de ce que nous venons de dire, qu'une surface peut être engendrée de plusieurs manières, et que l'on est libre de choisir celle de ces générations qui convient le mieux soit pour la représentation de la surface sur les épures, soit pour la solution des divers problèmes qui en dépendent.

367. La manière dont on conçoit la génération d'une surface étant adoptée, il faut savoir pour chaque cas particulier, répondre aux questions suivantes :

1° *Représenter sur l'épure une surface dont la définition est donnée.*

2° *Exprimer qu'un point ou une ligne fait partie d'une surface donnée.*

3° *Trouver l'intersection de la surface donnée, par un plan.*

4° *Trouver la courbe d'intersection de la surface donnée, et de toute autre surface.*

5° *Trouver l'intersection de la surface donnée, par une ligne quelconque, droite ou courbe.*

6° *Développer* (autant que possible) *la surface donnée en tout ou en partie.*

7° *Mener à la surface donnée des plans tangens, des normales et des surfaces normales.*

368. Pour représenter sur l'épure une surface dont la définition est donnée, il suffit de savoir construire la génératrice de cette surface dans une position quelconque.

Quelquefois la surface est infinie dans ses deux dimensions, comme le plan en général et les cylindres et cônes qui ont pour directrices des courbes infinies; d'autrefois elle n'est infinie que dans un sens, comme le cylindre et le cône, lorsque leur directrice est une courbe fermée; enfin elle peut être finie en tous sens, comme la surface de la sphère.

En construisant un certain nombre de génératrices, et sur chacune d'elles les points où elle perce les plans de projection, on obtient les traces de la surface.

Lorsque la surface est limitée, on doit construire la ligne qui limite sa projection; on obtient cette courbe en cherchant la suite des points suivant lesquels la surface donnée est touchée par une autre surface perpendiculaire au plan de projection. Ainsi, dans les cylindres et cônes, les limites sont situées dans des plans parallèles aux génératrices, tangens aux courbes directrices, et perpendiculaires aux plans de projection. La limite de la projection de la sphère est la trace d'un cylindre perpendiculaire au plan de projection et enveloppant la sphère.

Pour mieux faire sentir la forme d'une surface, on a tracé en plein les lignes vues, et en ponctué les lignes cachées.

On a cru cependant devoir s'écarter de cette convention à l'égard du plan, qui, n'ayant pas d'épaisseur, n'est plus qu'une conception géométrique, incapable par conséquent de cacher les objets qui sont placés derrière. D'ailleurs étant infini en tous sens, un seul plan oblique aux deux plans de projection eût caché entièrement toutes les autres parties de l'épure, ce qui aurait empêché de faire sentir la position des corps solides, en ne permettant plus d'appliquer à leurs arètes, ou autres parties de leurs surfaces, la distinction des lignes vues et des lignes cachées; et si dans les sections de ces mêmes surfaces on a tracé en points les parties situées au-delà des plans coupans, c'est plutôt parce que l'on a considéré ces parties comme supprimées, que comme cachées par ces plans.

Dans la plupart des problèmes on a placé les données dans une position inclinée par rapport aux plans de projection, mais on ne l'a fait que pour exercer davantage aux constructions graphiques. Dans les applications, on devra toujours, avant tout, choisir le système de plans coordonnés ou de plans auxiliaires sur lesquels les projections seraient les plus simples, et pourvu que l'on ne change rien aux données ni à leur position relative, la généralité de la question ne sera pas moins complète. *Le choix des plans de projection est une des parties les plus essentielles de la solution des problèmes.*

Pour exprimer qu'un point fait partie d'une surface, on place ce point sur l'une des génératrices, ou sur toute autre ligne située dans cette surface, et dont on sait construire les projections: en agissant de la même manière à l'égard de tous les points d'une courbe, on exprime que cette courbe est située dans la surface.

Pour construire l'intersection d'une surface par un plan, il suffit de chercher la suite des points suivant lesquels le plan donné coupe un système de lignes tracées sur la surface. Les constructions seront rendues beaucoup plus simples si l'on prend un des plans de projection perpendiculaire au plan coupant. On doit aussi employer de préférence le système de lignes le plus simple.

La ligne provenant de la section par un plan est toujours une courbe plane dont la forme dépend de celle de la surface coupée.

Pour avoir cette courbe dans sa véritable grandeur, on la fait tourner jusqu'à ce qu'elle soit parallèle à l'un ou à l'autre des plans de projection.

Le principe général développé n° (67) nous donne le moyen de construire la courbe d'intersection de deux surfaces. Nous avons vu qu'il fallait couper ces deux surfaces par un système de surfaces auxiliaires qui couperaient les surfaces données, par des lignes dont les intersections feraient connaître les points de la courbe cherchée. La nature particulière des données et leur disposition sur l'épure font connaître, dans chaque cas, quel est le système de surfaces le plus simple. Ainsi en général, pour obtenir la pénétration de deux cônes, le plus simple est d'employer des plans qui passeraient par les deux sommets ; mais il peut y avoir telle disposition d'épure où il vaudrait mieux employer des plans parallèles au plan de projection ; c'est ce que l'habitude des applications mettra promptement en état de décider.

Parmi les pénétrations de deux surfaces, nous devons surtout remarquer le cas où l'une d'elles serait un cylindre perpendiculaire au plan de projection ; ce cylindre devient alors la surface projetante de la courbe demandée, et sa trace en est la projection. Pour obtenir la seconde projection, il suffit d'élever des perpendiculaires à la ligne de terre, par tous les points où cette trace est rencontrée par les projections d'un système de lignes tracées dans l'autre surface.

Nous avons vu n° (74) comment on trouvera en général l'intersection d'une ligne avec une surface : si la ligne donnée est droite, on emploiera comme surface auxiliaire un plan perpendiculaire ou oblique au plan de projection, suivant qu'on le jugera à propos.

Si la ligne est courbe, on fera usage du cylindre projetant cette courbe.

Nous avons pu développer les surfaces des polyèdres, cylindres et cônes, mais pour la sphère, son développement n'est qu'approximatif. Nous verrons bientôt quel est le caractère auquel on reconnaît en général qu'une surface peut se développer.

Les développemens de cylindres projetans donnent les véritables dimensions de toutes les lignes courbes et figures tracées dans ces cylindres.

Enfin, les plans tangens sont surtout de la plus grande utilité dans l'industrie, pour déterminer les normales et surfaces normales, les points de tangence et les lignes de contact de deux surfaces qui se touchent, et pour construire les tangentes aux courbes planes et à double courbure.

Les questions résolues dans les deux premiers livres, contiennent la plus grande partie des procédés employés dans l'industrie, pour la description, l'exécution et l'assemblage des corps.

Dans le livre suivant, nous considérerons les surfaces courbes sous un point de vue plus général.

FIN DU SECOND LIVRE.

LIVRE III.

CHAPITRE PREMIER.

SURFACES DE RÉVOLUTION.

369. Indépendamment des surfaces cylindriques, coniques et sphériques, on fait encore usage, dans l'industrie, de surfaces courbes variées d'une infinité de manières.

Pour renfermer toutes ces variétés dans une même définition, on suppose que toute surface est engendrée par le mouvement d'une ligne quelconque, droite ou courbe, plane ou à double courbure, constante ou variable de forme, et qui se meut suivant des conditions données.

370. Toutes les formes particulières de surfaces qui résultent de la définition générale que nous venons d'énoncer, peuvent être classées de la manière suivante:

1° *Surfaces de révolution;*

2° *Surfaces réglées;*

3° *Surfaces enveloppes;*

Nous allons étudier successivement les propriétés particulières à chacune de ces espèces de surfaces.

Surfaces de révolution.

371. On désigne en général par ce nom les surfaces qui proviennent du mouvement d'une ligne quelconque, assujettie à tourner autour d'une droite fixe, par rapport à laquelle elle conserve toujours la même position relative.

Supposons, par exemple (*fig.* 261, *PL.* 44), la droite aa', immobile, et perpendiculaire au plan horizontal; concevons, de plus, la courbe à double courbure *bcd*, *b'c'd'*; si nous faisons tourner cette dernière ligne autour de *aa'*, de manière qu'elle ne change pas de position par rapport à cette droite, la surface engendrée sera de révolution.

Dans ce mouvement, chaque point de la génératrice *bcd*, *b'c'd'*, décrira un cercle horizontal dont le centre sera sur la droite immobile *aa'*, que l'on nomme l'*axe* de la surface.

La position de la génératrice, relativement au plan horizontal, ne changeant pas, sa projection sur ce plan conservera toujours la même forme et ne fera que se déplacer en tournant autour du point *a'*, qui représente la projection horizontale de l'axe. Si nous supposons, par exemple, que l'on fasse faire à la courbe *bcd*, *b'c'd'*, $\frac{1}{12}$ de révolution, le point *b'* viendra se placer en *s'*, le point *c'* en *o'* et *d'* en *u'*. Pour construire ces points on prendra avec le compas la grandeur de l'arc horizontal *m'n'* que l'on portera de *d'* en *u'*. En agissant de la même manière pour chacun des points de la courbe, on aura la nouvelle projection horizontale; quand à la projection verticale correspondante, elle s'obtiendra en élevant des perpendiculaires par chacun des points *s'*, *o'*, *u'*,.... de la nouvelle projection horizontale, jusqu'à la rencontre des droites qui représentent les projections verticales des cercles parcourus par ces points.

Quand on aura construit un certain nombre de génératrices assez rapprochées les unes des autres, on tracera en lignes pleines les parties de ces génératrices qui sont vues, et en points les parties cachées. Il sera facile de distinguer ces parties les unes des autres, en raisonnant comme nous l'avons fait (140).

372. Un des caractères particuliers à toute surface de révolution, c'est que la *section perpendiculaire à l'axe* est un cercle : c'est, à quelques exceptions près, la ligne la plus simple que l'on puisse tracer sur une surface de révolution.

Le plus petit de tous les cercles provenant des sections perpendiculaires à l'axe se nomme le *cercle de gorge*; il est engendré par le point de la génératrice qui est le plus rapproché de l'axe; si la génératrice coupait l'axe, le cercle de gorge se réduirait à un point.

373. Toute section, par un plan qui contient l'axe d'une surface de révolution, se nomme une *section méridienne*. Dans l'exemple représenté (*fig.* 261), la courbe *bzm* est une section méridienne.

Pour construire cette courbe il faudra chercher les projections verticales des points suivant lesquels le plan *a'm'* coupe un certain nombre de génératrices assez rapprochées les unes des autres. La projection verticale de la courbe que l'on obtient doit être tangente aux projections verticales des génératrices coupées par le plan *a'm'*.

374. Au surplus ce n'est que pour plus de généralité dans la définition, que nous avons supposé la surface engendrée par la courbe à double courbure *bcd*, *b'c'd'*, en effet, la section méridienne étant une courbe plane, il sera en général plus simple de prendre cette courbe pour génératrice de la surface; et si l'on a soin de placer l'axe perpendiculaire à l'un des plans de projection, la représentation de la surface sur l'épure deviendra très simple.

Pour cela, supposons (*fig.* 261) que l'on ait placé l'axe *aa'*, perpendiculaire au plan horizontal; on construira symétriquement à droite et à gauche de l'axe, et dans sa véritable grandeur, la courbe *bzm* donnée comme génératrice, on aura ainsi la projection verticale de la surface; pour la projection horizontale, on décrira du point *a'*, comme centre, deux cercles concentriques ayant pour rayons les distances de la méridienne aux points qui sont le plus près et le plus loin de l'axe; le premier est le cercle de gorge, et le second forme la limite extérieure de la surface; quand la méridienne coupe l'axe, nous avons dit que le cercle de gorge n'existe pas.

375. La surface étant projetée, si nous la coupons par une suite de plans horizontaux, nous obtiendrons pour sections des cercles dont les projections horizontales concen-

triques auront pour centre le point a', et pour rayons la distance de l'axe au point où chaque plan coupant rencontre la section méridienne. Nous nommerons ces cercles *parallèles de la surface.* En construisant les projections verticales des points où ces cercles sont coupés par tout autre plan méridien, on obtiendra la projection de la section méridienne correspondante, la courbe hv provient de la section par le plan $a'v'$.

376. Parmi les cas particuliers, nous distinguerons surtout (*fig.* 262), 1°. l'*ellipsoïde de révolution,* qui est la surface engendrée par le mouvement d'une demi-ellipse que l'on ferait tourner autour de l'un de ses axes. La sphère est un ellipsoïde de révolution qui a pour section méridienne un cercle.

2°. La *surface annulaire* ou le *tore* (*fig.* 263) est engendrée par le mouvement d'un cercle tournant autour d'une droite située dans son plan. La section méridienne se composera de deux cercles égaux au cercle générateur, et placés symétriquement par rapport à l'axe. Le plan horizontal mené par le centre du cercle générateur contiendra le plus grand cercle de la surface, et le plus petit, qui sera le cercle de gorge. Dans le cas où le cercle générateur toucherait l'axe, le cercle de gorge serait un point, et la section méridienne se composerait de deux cercles tangens. Si le centre du cercle générateur se rapprochait de l'axe, la forme de la surface se rapprocherait de celle de la sphère, et ne différerait pas de cette dernière surface si le centre du cercle générateur se trouvait situé sur l'axe de révolution ; ce qui permet de regarder encore la sphère comme un cas particulier des surfaces annulaires ;

3°. Enfin nous distinguerons encore l'*hyperboloïde de révolution,* qui a pour section méridienne une hyperbole, et que l'on peut concevoir engendrée par le mouvement de cette courbe tournant autour de l'un de ses axes.

Dans l'exemple que nous avons choisi (*fig.* 264), la révolution se fait autour de l'axe non transverse, et la surface est continue, c'est-à-dire qu'elle pourrait être parcourue par un point dans toute son étendue. Pour exprimer cette propriété, on donne à cette surface le nom d'*hyperboloïde de révolution à une nappe*. Il n'en serait pas de même si le mouvement s'était fait autour de l'axe transverse ; il y aurait alors dans cette surface deux parties séparées l'une de l'autre, ce qui lui ferait donner le nom d'*hyperboloïde de révolution à deux nappes*.

On peut aussi prendre la parabole pour génératrice d'une surface de révolution ; mais nous aurons occasion plus tard de revenir sur ces variétés de surfaces : nous nous bornerons pour le moment à celles que nous avons choisies pour exemples.

377. L'hyperboloïde de révolution (*fig*. 264) jouit d'une propriété trop remarquable pour que nous n'en parlions pas ici. Cette surface peut être engendrée par le mouvement d'une droite inclinée, telle que *hc*, *h'c'*, qui tournerait autour de l'axe vertical *aa'*. Dans ce mouvement, le point *hh'* parcourra le cercle horizontal *v*,*u*, et le point *cc'* ne quittera pas le plan horizontal de projection. On établira sur l'épure un certain nombre de projections horizontales de la génératrice, après quoi il sera facile de construire les projections verticales correspondantes. Le point *dd'*, qui est le plus près de l'axe, décrira le cercle de gorge. Si la génératrice se rapprochait de l'axe, ce cercle diminuerait, et au moment où il deviendrait nul, la surface de l'hyperboloïde serait remplacée par les deux nappes d'un cône qui aurait pour sommet le point où l'axe serait coupé par la génératrice. Si l'on faisait tourner la génératrice autour du point *d*, *d'*, pour la ramener dans une position verticale, à mesure que l'angle avec le plan horizontal augmenterait, la surface de l'hyperboloïde s'allongerait dans le sens de l'axe, et deviendrait cylindrique au moment où la génératrice serait parallèle à l'axe.

378. *Exprimer qu'un point appartient à une surface de révolution*. Supposons que l'on connaisse la projection verticale *m* (*fig*. 262), on construira le parallèle *cc'* provenant de la section par le plan *p* ; puis on abaissera la perpendicu-

laire *mm'*, qui par son intersection avec le cercle *m'c'*, donnera deux points *m'*,*m'*, qui tous deux satisfont aux conditions demandées. Si l'on avait donné la projection horizontale *m'*, on aurait commencé par construire le cercle *c'o'*; puis élevant la perpendiculaire *o'o*, ses intersections avec la section méridienne auraient déterminé les projections verticales de deux cercles *c*,*c*, contenant les projections verticales des points demandés.

Développement.

379. Les surfaces de révolution ne peuvent se développer qu'approximativement et par des moyens analogues à ceux que nous avons employés (333) pour la sphère.

En construisant un certain nombre de plans méridiens et de plans perpendiculaires à l'axe, toute la surface se trouvera partagée en trapèzes. Si l'on place à côté les uns des autres, et dans leur véritable grandeur, tous les trapèzes compris entre deux parallèles consécutifs, on aura le *développement par zones*, tandis qu'en construisant l'un au-dessous de l'autre, tous les trapèzes compris entre deux plans méridiens, on aura le *développement par fuseaux*.

Ce dernier mode de développement est souvent préféré dans les arts, parce qu'en ayant le soin de construire les plans méridiens à égale distance les uns des autres, tous les fuseaux seront égaux entre eux, et le développement de l'un d'eux servira pour tous les autres ; tandis que toutes les zones différant entre elles, il faudrait construire séparément le développement de chacune.

Sections dans la surface de révolution.

380. *Section par un plan perpendiculaire au plan de projection.*

On établira sur la surface donnée un certain nombre de parallèles, puis l'on construira les points suivant lesquels ces cercles seront coupés par le plan donné. C'est ainsi que l'on a obtenu (*fig.* 262) la courbe *o'd'u'e'*, qui est la projection horizontale de la section de l'ellipsoïde de révolution par le plan p', perpendiculaire au plan vertical. Faisant tourner ce plan autour de sa trace horizontale, on obtient la courbe $o''d''u''e''$ pour la véritable grandeur de la section.

381. Les mêmes moyens conviendraient pour obtenir l'*intersection d'une surface de révolution par une surface quelconque perpendiculaire au plan de projection.*

Ainsi, en élevant des perpendiculaires par les points où la courbe a' rencontre les projections horizontales des cercles situés sur la surface, on obtiendra la courbe v,u, qui résulte de l'intersection de l'ellipsoïde et de la surface cylindrique droite qui aurait pour trace horizontale la courbe a'.

382. *Intersection d'une surface de révolution par une ligne.* Les deux derniers problèmes nous donneront les moyens de construire l'intersection d'une surface de révolution par une ligne quelconque.

Si la ligne donnée est droite, et que ses projections soient b,b', on emploiera comme surface auxiliaire un plan p', perpendiculaire au plan de projection; puis on construira la courbe $o'd'u'e'$, dont les intersections avec b' seront les projections horizontales des points demandés.

Si la ligne donnée est une courbe telle que aa', on emploiera comme auxiliaire l'une des surfaces projetantes de cette courbe, et l'on obtiendra les points z,z', pour intersection avec la surface.

383. *Section par un plan oblique.* On emploiera comme surfaces auxiliaires des plans perpendiculaires à l'axe de la surface de révolution. Soit (*fig.* 263) la surface annulaire A,A', et le plan B. Un plan horizontal p coupera la surface suivant deux cercles (c,c') (c,c'), et le plan donné suivant la droite aa'. Cette droite coupera les deux cercles en quatre points (m,m') (m,m').... qui satisferont à la question proposée. Un second plan horizontal donnera quatre nouveaux points, et ainsi de suite, jusqu'à ce que l'on ait obtenu un nombre de points suffisant pour construire correctement la courbe de section.

384. Il ne faut pas oublier que nous raisonnons toujours ici d'une manière générale; mais dans l'exécution de l'épure il se présente souvent des circonstances particulières qui engagent à modifier le principe et à recourir à des constructions auxiliaires. Ainsi dans l'exemple présent, lorsqu'on arriverait dans le voisinage des points *uu'* et *vv'*, les intersections se feraient suivant des angles trop aigus. Dans ce cas, on pourra employer comme auxiliaires des plans verticaux passant par l'axe de la surface donnée : ces plans couperont la surface suivant des sections méridiennes dont on évitera la projection en les rabattant autour de l'axe. C'est ainsi que les points (*uu'*) (*v*,*v'*) ont été déterminés. Un plan vertical *p''* a coupé la surface donnée suivant une section méridienne qui, en tournant autour de l'axe, est venue se confondre avec la projection verticale *c''* de cette surface. La droite provenant de l'intersection du plan B et du plan auxiliaire *p''*, est venue se rabattre en *a''*, et l'intersection de cette ligne *a''* avec la section méridienne *c''*, a donné deux points *s*,*z*, qui, projetés horizontalement en *s'*,*z'*, et ramenés dans le plan *p''*, ont déterminé les points (*uu'*) (*vv'*).

385. On peut aussi quelquefois trouver dans la définition ou dans les propriétés de certaines surfaces des moyens d'exécution particuliers. Ainsi, par exemple, s'il s'agissait de construire (*fig.* 264) la section de l'hyperboloïde par le plan B, on pourrait, comme précédemment, faire usage de plans perpendiculaires à l'axe ou de plans méridiens; mais on pourrait encore employer des plans coupant l'hyperboloïde, suivant les diverses positions occupées par la droite génératrice de cette surface (377). Ainsi, pour obtenir le point (*mm'*), on a construit un plan *p* coupant l'hyperboloïde, suivant la génératrice (*vo*) (*v'o'*), et le plan B suivant *bb'*, et l'intersection de ces deux lignes a donné le point (*m*,*m'*); il est évident que cela revient à chercher la suite des points suivant lesquels le plan B est percé par chacune des droites génératrices de l'hyperboloïde.

Les points (n,n') (s,s') ont été déterminés par le plan horizontal p'. En faisant une section par un plan méridien perpendiculaire au plan B, et rabattant cette section comme nous l'avons fait dans l'épure précédente, on obtiendrait le point le plus élevé et le point le plus bas de la courbe.

Intersections des surfaces de révolution et des cylindres, cônes et sphères.

386. *Intersection d'une surface de révolution et d'un cylindre.*

On emploiera comme surfaces auxiliaires des cylindres parallèles au cylindre donné, ayant pour directrices les cercles parallèles de la surface de révolution. Ainsi, par exemple (*fig.* 265, *Pl.* 45), la circonférence du cercle dont la projection verticale est ab, étant prise pour directrice d'un cylindre parallèle au cylindre donné, la trace horizontale de ce nouveau cylindre sera une circonférence ayant son centre en d', et pour rayon $d'u' = cb$; les points x',v', où les traces des deux cylindres se rencontreront, détermineront deux lignes droites communes aux surfaces de ces cylindres, et dont les intersections avec le cercle ab, $a'b'$, feront connaître deux points de la courbe demandée. On obtiendra par ce moyen autant de points que l'on voudra.

Les traces des cylindres auxiliaires auront tous leurs centres sur une même ligne droite zc', parallèle à la projection horizontale du cylindre donné, et passant par le point où l'axe de la surface de révolution perce le plan horizontal.

Si l'on prend le milieu de chacun des arcs de cercle qui résultent des intersections de la trace du cylindre donné avec les traces des cylindres auxiliaires, on obtiendra une courbe qui aboutira sur la trace du cylindre donné en un point o. La normale à ce point déterminera en z le centre de la trace horizontale du cylindre, sur la surface duquel se trouve le point le plus élevé de la courbe. Cette partie de la construction exige beaucoup de soin, le plus petit dérangement dans la direction de la normale pouvant produire une grande erreur dans la position du point z.

Le point le plus bas se déterminera en prolongeant la courbe de l'autre côté, jusqu'au point n, par lequel on menera une normale.

387. *Intersection d'une surface de révolution avec un cône.*

On emploiera comme surfaces auxiliaires des cônes ayant le même sommet que le cône donné, et pour directrices les parallèles de la surface de révolution. Ainsi (*fig.* 266), le cercle dont la projection verticale est ab, étant pris pour la directrice d'un cône dont le sommet serait (s,s'), la trace horizontale de ce cône sera une circonférence de cercle dont le centre dd' sera déterminé par l'intersection de la droite $sc,s'c'$, avec le plan horizontal, et qui aura pour rayon $d'u' = du$. Cette circonférence coupera la trace du cône donné, suivant deux points; en joignant ces points avec le sommet commun des deux cônes, on obtiendra deux droites dont les intersections avec le cercle $ab,a'b'$ appartiendront à la courbe demandée.

Il n'y aura plus qu'à recommencer cette construction pour avoir de nouveaux points de la courbe : les traces des cônes auxiliaires auront tous leurs centres sur la ligne $s'c'$; les points extrêmes de la courbe se détermineront comme dans l'épure précédente.

388. L'exécution de ces épures suppose que la surface de révolution est projetée sur un plan perpendiculaire à son axe; s'il en était autrement, et que cette surface fût donnée dans une position inclinée, on commencerait par la projeter sur un plan auxiliaire perpendiculaire à l'axe, ce qui ramenerait la question au cas précédent.

389. *Intersection d'une surface de révolution et d'une sphère.*

On placera l'axe de la surface de révolution perpendiculaire au plan horizontal, et l'on prendra le plan vertical de projection parallèle au plan qui contiendra le centre de la sphère, et l'axe de la surface donnée.

L'épure étant ainsi disposée, on emploiera, comme surfaces auxiliaires, des sphères ayant leur centre sur l'axe de la surface donnée. Chaque sphère auxiliaire coupera la sphère donnée et la surface de révolution suivant des cercles perpendiculaires au plan vertical et dont les intersections feront connaître les points de la courbe cherchée. Ainsi, par exemple (*fig.* 267), la sphère dont le centre est en *c*, et qui a pour rayon *ca*, coupera la surface de révolution suivant deux cercles projetés verticalement par les droites *ad*, *hk*, et la sphère, suivant un cercle dont la projection verticale sera *mn*; l'intersection de ce dernier cercle, avec les deux cercles *cd*, *hk*, donnera quatre points qui seront projetés verticalement, deux au point *o* et les deux autres en *u*. Pour avoir les projections horizontales de ces mêmes points, on projettera horizontalement les deux cercles *ad*, *hk*, et l'on abaissera les deux perpendiculaires *oo'*, *uu'*. Une seconde sphère auxiliaire fera connaître quatre nouveaux points, et ainsi de suite.

Pour plus de symétrie dans la construction de l'épure on a pris les sphères auxiliaires concentriques, mais on pouvait s'en dispenser; la seule condition essentielle ici, étant que les centres de ces sphères fussent placées sur l'axe de la surface de révolution.

390. Les mêmes moyens pourraient être employés pour *trouver la courbe de pénétration de deux surfaces de révolution dont les axes se couperaient*; seulement, dans ce cas, après avoir choisi un plan vertical de projection parallèle au plan qui contiendrait les deux axes; il faudrait nécessairement prendre le point d'intersection de ces axes pour centre des sphères auxiliaires, et si dans l'exemple précédent nous avons pu prendre pour centre tel point de l'axe que nous avons voulu, c'est parce que la sphère pouvant être considérée comme surface de révolution dans tous les sens, le point que nous avions choisi pouvait toujours être regardé comme l'intersection des deux axes.

391. Il résulte de là que, pour avoir l'intersection d'une surface de révolution avec un cylindre, on pourra employer des cylindres comme surfaces auxiliaires; pour l'intersection avec un cône on emploiera des cônes, et pour l'intersection avec la sphère, on fera usage de sphères.

392. Il est bien entendu, comme nous l'avons déjà dit, que si, par suite de la disposition particulière des données, quelques points n'étaient pas déterminés avec assez de précision, il faudrait avoir recours à d'autres moyens, comme, par exemple, des plans parallèles au plan horizontal ou au plan vertical. Si l'on emploie des plans perpendiculaires à l'axe de la surface de révolution, on aura l'avantage de couper cette surface suivant des cercles; de sorte qu'il n'y aura plus qu'à construire les lignes suivant lesquelles ces mêmes plans couperont la seconde surface.

393. Dans le cas de l'intersection avec une sphère, des plans perpendiculaires à l'axe de révolution couperont les deux surfaces suivant des cercles. Il en serait de même s'il s'agissait de *deux surfaces de révolution dont les axes seraient parallèles.*

394. *Intersection de deux surfaces de révolution.*

On placera (*fig.* 268) l'axe de l'une des deux surfaces données, perpendiculairement au plan horizontal, et l'on prendra le plan vertical de projection parallèle aux deux axes; on construira (374) la section méridienne de la seconde surface B,B', ce qui donnera la projection verticale de cette surface. Quant à sa projection horizontale, elle présentera un peu plus de difficulté. On supposera cette surface coupée par des plans perpendiculaires à son axe, ce qui donnera autant de parallèles inclinés par rapport au plan horizontal, et après avoir construit les ellipses qui représentent les projections horizontales de tous ces cercles, on tracera une courbe tangente à toutes ces ellipses, et l'on aura la limite de la projection horizontale de la surface inclinée B,B'. La construction de ces ellipses ne présente aucune difficulté. En effet, pour la première, le grand axe $c'c'$ sera égal à zx, et le petit axe sera $z'x'$, projection horizontale de zx ; les axes étant connus, on construira la courbe comme nous l'avons dit (228).

395. Les deux surfaces étant projetées, un plan horizontal p coupera la surface A, A' suivant un cercle horizontal a, et la surface B, B' suivant une courbe b que l'on construira en abaissant des perpendiculaires de tous les points suivant lesquels les parallèles inclinés de cette surface seront coupés par le plan auxiliaire p.

Si les intersections devenaient trop aiguës, on pourrait, comme dans l'exemple que nous avons sous les yeux, couper les deux surfaces par des plans parallèles au plan vertical. Ainsi, par exemple, le plan p', parallèle au plan vertical de projection, coupe la surface A suivant la courbe a', et la surface B suivant les deux courbes $b'b'$, et l'intersection de a' avec les deux lignes b' donne quatre points (mmm....) dont trois sur l'épure et le quatrième dans le prolongement des deux surfaces.

Les projections horizontales de ces points seraient sur la trace du plan p'.

Pour construire les courbe a' et b' il suffit d'élever des perpendiculaires par les points où le plan auxiliaire p' coupe les projections horizontales des cercles parallèles que l'on a établis sur les deux surfaces données.

396. Souvent, dans l'exécution de cette épure, on ne se propose pas d'autre but que celui d'obtenir la courbe de pénétration; alors on peut se dispenser de construire la projection horizontale de la surface inclinée et celle des parallèles qui en font partie. Pour cela on projette tous ces cercles sur un plan p'', perpendiculaire à l'axe de cette surface, et l'on fait tourner ce plan autour de sa trace pour le rabattre sur le plan horizontal de projection. Le point v''', où le cercle dh, rabattu en $d'''h'''$, est coupé par le plan auxiliaire p', sera projeté en v'' sur la ligne de terre, et ramené de là en v' dans le plan p''. La ligne $v'v$, perpendiculaire au plan p'', donnera sur dh la projection verticale du point v. On construira de la même manière

tous les points de la courbe b', provenant de l'intersection de la surface inclinée B,B' par le plan auxiliaire p'.

Plans tangens aux surfaces de révolution.

397. Jusqu'à présent, nous n'avons résolu le problême des plans tangens que d'une manière particulière et dépendante de l'espèce de surface que nous examinions. Nous allons considérer cette question sous un point de vue plus général.

398. Il n'entre pas dans notre but de démontrer ici les principes de la Géométrie à trois dimensions; c'est surtout comme moyen de recherche et d'exécution que nous considérons la Géométrie descriptive, et nous pensons que dans tous les cas il sera plus facile et plus court en même temps de recourir aux traités d'analyse, pour la démonstration rigoureuse des propriétés des lignes et des surfaces courbes. Nous allons tâcher cependant de faire concevoir les principaux résultats auxquels on parvient par la considération de quantités infiniment petites.

399. Soit (*fig.* 269), *Pl.* 46, la courbe ab, et la sécante cd, si l'on fait tourner cette dernière ligne autour du point c; le point d se rapprochera de c, et au moment où ces deux points seront réunis en un seul, la ligne deviendra tangente. Ainsi la différence qui existe entre une sécante et une tangente, c'est que la première de ces deux lignes passe par un point de la courbe, tandis que la tangente passe par deux points qui se sont réunis en un seul; et quoiqu'au premier abord cela paraissse la même chose, on reconnaîtra cependant que le point de section ne suffit pas pour déterminer la direction de la sécante; tandis que le point de tangence étant en quelque sorte *double*, déterminera la direction de la tangente. On pourrait dire par extension, qu'un point d'*osculation est triple*, parce qu'il provient de la réunion des trois points infiniment près qui déterminent le rayon du cercle osculateur et la position du plan qui le contient.

Ainsi, quand on considère une ligne courbe comme composée d'une infinité de petits côtés droits, ces côtés sont infiniment petits; mais cela ne veut pas dire que l'on soit autorisé à regarder chacun d'eux comme un point unique; on doit plutôt admettre que ce sont de petits côtés de polygones dont les extrémités se sont tellement rapprochées, que leurs longueurs se trouvent réduites à zéro; de sorte que la direction de chacun de ces côtés reste déterminée, et c'est le prolongement de cette direction qui produit la tangente.

400. Les mêmes raisonnemens s'appliqueront aux surfaces courbes. En considérant ces espèces de surfaces comme composées d'une infinité de petites facettes, il ne faudra pas regarder chacune d'elles comme un point unique, mais comme la réunion de plusieurs points rapprochés, de manière à n'en faire qu'un seul, en conservant toutefois cette condition que tous ces points n'ont pas cessé d'être dans un même plan. De sorte que si l'on conçoit une droite passant par deux quelconques de ces points infiniment rapprochés, la direction de cette ligne n'en sera pas moins déterminée, et assujettie à se confondre avec le prolongement de la facette infiniment petite qui contient ces deux points.

Or cette facette ainsi prolongée n'est autre chose que le plan tangent; d'où il suit que *si en un point d'une surface courbe on conçoit un plan tangent, ce plan contiendra les tangentes à toutes les courbes qui dans la surface passeraient par le point de tangence;* car chacune de ces tangentes pourra être regardée comme ayant avec le plan tangent deux points communs infiniment près l'un de l'autre, de sorte que la direction de cette ligne se confondra avec celle du plan.

De là nous conclurons la construction suivante (*fig.* 270).

401. *Pour construire un plan tangent en un point d'une surface courbe, on construira par ce point deux courbes quelconques situées dans la surface donnée, puis l'on menera à ces courbes deux tangentes qui suffiront pour déterminer le plan tangent.*

Il n'y a plus pour chaque cas particulier qu'à choisir parmi toutes les courbes qui passeraient par le point donné, celles auxquelles il est le plus facile de mener deux tangentes.

402. *Lorsqu'une ligne droite est située tout entière dans une surface courbe, elle peut être prise pour une tangente à cette surface.*

Car on peut la considérer indifféremment comme une courbe dont le rayon serait infini, ou comme la tangente à cette courbe.

C'est ainsi que pour construire les plans tangens aux cylindres et cônes, nous avons regardé comme tangentes les droites génératrices de ces surfaces, de sorte qu'une seconde tangente a suffi pour déterminer le plan tangent.

Pour la sphère, le plan perpendiculaire à l'extrémité du rayon qui aboutit au point de tangence, contient évidemment les tangentes à tous les cercles qui passent par ce point.

403. *Construire un plan tangent en un point donné sur une surface de révolution.*

Soit (*fig.* 271), le point mm' donné sur la surface, on prendra pour première tangente la droite horizontale aa', qui touche le parallèle passant par le point donné. Pour obtenir la seconde tangente, on rabattra la section méridienne $s'm'$, en la faisant tourner autour de l'axe. Le point donné m,m', viendra se placer en n,n', et la tangente dans ce rabattement sera sn, $s'n'$; en ramenant cette tangente à la place qu'elle doit occuper, le point ss' ne bougera pas puisqu'il fait partie de la charnière, et l'on aura pour seconde tangente la droite $sm,s'm'$, qui, avec la ligne a,a', déterminera le plan tangent p.

404. *On remarquera ici que le plan tangent est en même temps un plan coupant.*

405. Si le point était donné en cc', sur la section méridienne parallèle au plan vertical de projection, le plan tangent p' serait aussi perpendiculaire à ce plan, et sa trace verticale serait tangente à la section méridienne.

406. Ainsi le parallèle qui passe par un point donné sur une surface de révolution faisant toujours connaître une tangente à ce point, *la question du plan tangent ne dépendra plus dans chaque cas que de la construction d'une tangente à la section méridienne qui contient le point donné*: construction que l'on pourra toujours exécuter par un des moyens indiqués dans le premier chapitre du second livre.

407. La droite *cu*, *c'u'*, perpendiculaire au plan tangent *p'*, est une *normale* à la surface. Cette droite, située dans le plan méridien, coupe l'axe au point *v*.

En général :

408. *Pour construire une normale en un point quelconque d'une surface de révolution, il suffit de construire la normale à la méridienne qui passe par ce point.*

Si le point donné était en *z*, on le rabattrait en *c*, dans le plan méridien parallèle au plan vertical, puis après avoir construit la normale *cu* on la ferait revenir à sa place, en observant que dans ce mouvement le point *v* ne doit pas bouger.

409. En construisant une normale par chacun des points d'une courbe, *ab*, *a'b'*, située sur une surface de révolution (*fig.* 272), on obtiendra une *surface normale*.

Dans l'exemple que nous avons choisi, toutes les normales sont terminées aux points où elles rencontrent une seconde surface de révolution ayant le même axe que la première.

410. Si la ligne prise pour directrice de la surface normale était un parallèle de la surface de révolution, toutes les normales viendraient concourir en un point de l'axe, et la surface normale serait un cône circulaire.

Enfin tout plan méridien est une surface normale.

411. Si l'on a bien compris ce que nous avons dit (400) sur les plans tangens, il sera facile d'admettre le principe suivant.

Toutes les fois que deux surfaces se toucheront en un ou plusieurs points, tout plan qui en un de ces points toucherait l'une de ces surfaces, serait aussi tangent à l'autre.

En effet le point de tangence pourra être considéré comme une facette infiniment petite, commune aux deux surfaces,

14

et cette facette prolongée en tous sens deviendra un plan tangent à toutes deux.

412. Cette conséquence nous permettra d'envisager sous un autre point de vue le problème du plan tangent aux surfaces de révolution.

Supposons (*fig.* 271) qu'après avoir construit la droite *sn*, tangente à la section méridienne, on fasse tourner cette tangente autour de l'axe, elle engendrera un cône circulaire qui touchera la surface de révolution dans toute l'étendue du parallèle qui contient le point *n*; de sorte que si, en un point quelconque *m*, *m'*, de ce parallèle, on voulait construire un plan tangent, il suffirait de faire en sorte que ce plan touchât le cône engendré par la droite *sn*,*s'n'*, et la question serait ramenée à la construction du n° 320.

413. On emploie avec succès le moyen que nous venons d'indiquer, *pour construire des plans tangens à une surface de révolution par un point hors de cette surface.*

Soit (*fig.* 273) le point *aa'* par lequel on veut construire des plans tangens à la surface de révolution dont A est la section méridienne. Concevons que la tangente *sb* soit prise pour génératrice d'un cône circulaire; tout plan tangent à ce cône touchera la surface donnée en un point du parallèle *bc*. On joindra donc le point *s* avec le point donné *aa'*, par une droite *sa* : cette ligne, intersection des deux plans tangens au cône, percera en *mm'* le plan horizontal qui contient le parallèle *bc*, et si l'on construit par ce point deux tangentes à la projection horizontale du parallèle *bc*, les points de tangence (*uu'*, *uu'*) seront déterminés.

En recommençant cette construction pour d'autres cônes tangens à la surface donnée, on obtiendra autant de points de tangence, et par suite autant de plans tangens que l'on voudra.

Tous les points de tangence se trouveront sur une courbe *z x*, que nous nommerons *ligne de contact*, et suivant laquelle la surface proposée serait touchée par une surface conique ayant pour sommet le point donné *aa'*, et dont la génératrice *ao* glisserait en s'appuyant contre la partie intérieure de la surface, et traversant le vide formé par la gorge. Les points extrêmes de la courbe zx s'obtiendront en menant par le point aa' les deux droites az, ax, tangentes à la section méridienne.

Tous les plans tangens fournis par cet exemple seront en même temps des plans coupans.

414. On pourrait encore, pour obtenir la courbe de contact zx, opérer de la manière suivante. Soit (*fig.* 274) la surface de révolution A, A' engendrée par le mouvement d'une demi-ellipse tournant autour du petit axe. On fera passer par le point donné aa' un plan vertical p, puis après avoir construit (380) la courbe bc suivant laquelle ce plan coupe la surface donnée, on menera par le point donné des tangentes à cette courbe : ces lignes seront tangentes à la surface, et les deux points de tangence appartiendront à la courbe de contact ; les points extrêmes zx seront donnés par les tangentes à la section méridienne. En recommençant ces constructions, on obtiendra autant de points de tangence et autant de tangentes que l'on voudra ; toutes ces tangentes seront situées sur la surface d'un cône dont le sommet est en a, et qui toucherait la surface donnée suivant la courbe zx. Les plans coupans peuvent être pris comme on voudra ; mais il sera en général plus simple de les mener perpendiculaires à l'un des plans de projection.

La méthode que nous venons d'indiquer pour obtenir la courbe de contact est générale et convient à toutes les surfaces, tandis que celle qui précède ne peut s'appliquer qu'aux surfaces de révolution.

Dans l'exemple proposé, la courbe de contact est plane ; mais ce n'est ici qu'une particularité provenant, comme nous le verrons par la suite, de ce que la surface a pour génératrice une courbe du second degré.

Dans le cas général la ligne de contact est à double courbure. Dans les cylindres et les cônes cette ligne est droite, et dans la sphère c'est un cercle dont le plan est perpendiculaire à la droite qui joint le centre avec le point donné hors de la surface.

415. *Faire passer par une droite donnée un plan tangent à une surface de révolution.*

On construira (*fig.* 275), par l'un des moyens que nous venons d'indiquer, la courbe *vu* provenant du contact de la surface donnée A, et d'un cône dont le sommet serait en un point *c*, pris où l'on voudra sur la droite donnée ; on construira pareillement la courbe de contact *zx* provenant du cône dont le sommet est au point *a*. Ces courbes se couperont en deux points *m*,*n*, qui seront les points de tangence ; en effet si l'on construisait les droites *am*, *cm*, ces deux lignes, situées dans les surfaces des deux cônes tangens, seraient elles-mêmes des tangentes à la surface, et détermineraient un plan tangent.

Il y a ici deux plans tangens. Si la surface proposée avait beaucoup de circonvolutions saillantes et rentrantes, il pourrait y avoir un plus grand nombre de solutions.

416. *Construire un plan tangent à une surface de révolution, parallèlement à une droite donnée.*

Une droite *cd* (*fig.* 276), parallèle à la projection horizontale de la ligne donnée *ab*, *a'b'*, et tangente au cercle qui limite la projection horizontale de la surface, pourra être prise pour la trace d'un plan vertical tangent. Le point de contact sera *mm'* ; mais dans l'exemple que nous avons sous les yeux, on peut mener quatre tangentes parallèles à *a'b'*, deux tangentes au parallèle du plus grand rayon, et deux au cercle de gorge, ce qui fera quatre plans tangens verticaux, et autant de points de tangence.

Pareillement, quatre droites telles que *cd*, tangentes aux deux cercles qui forment la projection verticale de la surface, pourront être prises pour les traces de quatre plans tangens perpendiculaires au plan vertical de projection et parallèles à la ligne donnée, ce qui fera connaître encore quatre nouveaux points de tangence.

Or ce que nous venons de faire pour les projections horizontale et verticale, nous pouvons le faire pour toute autre projection ; si donc nous construisions les projections de la surface sur d'autres plans verticaux, pris d'une manière quelconque, chacune de ces nouvelles projections nous fournirait quatre points de contact, et par suite autant de plans tangens.

Mais, pour éviter la construction de toutes ces projections auxiliaires, on projettera la surface sur des plans méridiens tels que p', de sorte qu'en faisant tourner ces plans autour de l'axe aa', pour les rabattre sur l'épure, toutes ces projections verticales viendront coïncider avec la projection primitive. Supposons donc, pour le moment, que la projection A représente celle de la surface donnée sur le plan vertical p' que l'on a rabattu en p''. On abaissera d'un point bb', pris où l'on voudra sur la ligne donnée, une perpendiculaire au plan p', et le pied de cette perpendiculaire, en tournant avec le plan p', viendra se projeter en x; de sorte que ax'' représentera la projection de la ligne donnée sur le nouveau plan vertical p'. Alors les droites (t,t,t,t) parallèles à ax'', pourront être considérées comme les traces de quatre plans tangens perpendiculaires au nouveau plan vertical et parallèles à la ligne donnée. Les quatre points de tangence projetés horizontalement sur la trace du plan p'' seront ramenés dans le plan p', d'où il sera facile de déduire leurs projections verticales.

En recommençant cette construction pour d'autres plans méridiens, et dans toutes les directions, on obtiendra autant de points de tangence que l'on voudra, et l'on tracera facilement la ligne de contact. Les points de tangence étant déterminés, on pourra construire les plans tangens, en opérant comme nous l'avons fait n° (403).

417. La ligne de contact passe par tous les points suivant lesquels la surface donnée serait touchée par une surface cylindrique dont la génératrice parallèle à la droite donnée toucherait constamment la surface.

Dans l'exemple proposé il y a deux courbes de contact, l'une sur la partie convexe de la surface, et l'autre sur la partie rentrante qui forme la gorge.

418. La question précédente peut encore être résolue en opérant comme il suit.

Un plan p vertical et parallèle à la ligne donnée aa' (*fig.* 277), coupera la surface donnée suivant une courbe bc, et les droites (t,t), tangentes à cette courbe et parallèles à la ligne donnée, détermineront deux points (m,m') qui feront partie de la ligne de contact. On recommencera cette construction pour d'autres plans perpendiculaires au plan horizontal ou au plan vertical.

Projection oblique.

419. Indépendamment des applications que nous ferons plus tard des principes qui précèdent, nous allons en indiquer une qui se rattache plus directement à la méthode des projections.

Supposons (*fig.* 278) que l'on ait donné la section méridienne A d'une surface de révolution, et l'angle que l'axe de cette surface fait avec le plan horizontal, on demande de construire la projection horizontale.

On pourrait, comme nous l'avons dit (394), projeter horizontalement un certain nombre de parallèles de la surface donnée ; puis traçant une courbe tangente à toutes les ellipses qui représentent ces projections, on aurait la limite de la projection horizontale de la surface ; mais il est évident que cette limite est la trace d'une surface cylindrique verticale et tangente à la surface donnée. On obtiendra donc cette courbe directement en construisant la projection horizontale de la ligne suivant laquelle la surface proposée serait touchée par une droite que l'on ferait mouvoir perpendiculairement au plan horizontal, ou parallèlement à la verticale ab.

Pour obtenir cette courbe, on construira d'abord une projection auxiliaire A″ sur un plan perpendiculaire à l'axe de la surface donnée; puis au moyen des deux projections A et A″ on déterminera (416) la courbe de contact.

Cette ligne étant obtenue, pour construire la projection horizontale d'un de ses points uu'', par exemple, on abaissera par le point u la perpendiculaire à la ligne de terre ; puis concevant par le centre de la surface un plan p parallèle au plan vertical de projection, on prendra une ouverture de compas égale à $d''u''$, que l'on portera de d' en u'.

En agissant de la même manière pour chaque point de la ligne de contact, on construira la projection horizontale de cette courbe, et par conséquent celle de la surface donnée.

420. Il est bien entendu que si la surface donnée n'était pas de révolution, le moyen que nous venons d'employer ne conviendrait pas pour déterminer la ligne de contact, et qu'il faudrait avoir recours à la méthode du n° 418, *qui peut s'appliquer à toutes les surfaces.*

CHAPITRE II.

SURFACES RÉGLÉES.

421. On donne, en général, le nom de *surfaces réglées* à celles qui sont engendrées par une ligne droite qui se meut suivant certaines conditions.

422. Dans le cas le plus général, on peut toujours supposer que la génératrice est assujettie à s'appuyer sur trois courbes que l'on nomme les *directrices* de la surface.

Cette condition suffit pour déterminer chaque position de la génératrice ; car une droite qui passant par un point de la première courbe glisserait en s'appuyant sur la seconde, serait arrêtée dans son mouvement, au moment où elle rencontrerait la troisième.

423. Dans quelques cas particuliers la génération est déterminée par d'autres conditions. Ainsi, par exemple, dans les surfaces cylindriques que l'on peut regarder comme cas particuliers de surfaces réglées, puisque la génératrice est une ligne droite, on donne ordinairement une directrice, et

les deux autres sont remplacées par la condition que toutes les positions de la génératrice soient parallèles entre elles.

Dans les cônes, deux des directrices sont remplacées par cette condition, que toutes les génératrices passent par le sommet. Enfin, dans les surfaces normales, la condition que la génératrice soit constamment perpendiculaire à un plan tangent permet de n'employer qu'une directrice; mais tous ces cas particuliers pourront facilement se ramener au cas général; car on pourra toujours, dans chaque cas, prendre pour directrices trois courbes quelconques situées dans la surface, de manière qu'elles coupent toutes les génératrices.

424. L'une des trois directrices peut encore être remplacée par cette condition, que *deux positions consécutives de la génératrice se trouvent toujours dans un même plan*, et c'est en cela que consiste le caractère des surfaces développables. En effet on pourra toujours supposer que la petite portion plane comprise entre deux génératrices consécutives tourne autour de l'une d'elles jusqu'à ce qu'elle soit dans le prolongement de la petite portion de surface adjacente, de sorte que toute la surface peut se dérouler ainsi sur un plan.

Les surfaces cylindriques et coniques sont des surfaces développables.

Les surfaces réglées qui sont privées de la propriété d'être développables se nomment *surfaces gauches*.

425. Enfin, on peut remplacer l'une des directrices par cette condition que la génératrice, dans son mouvement, reste toujours parallèle à un plan donné, que l'on nomme *plan directeur*.

Ce dernier genre de surfaces réglées devant être fréquemment employé dans les applications, nous en ferons une classe particulière; ainsi nous distinguerons deux espèces de surfaces réglées :

1°. Les surfaces réglées qui ont trois directrices;

2°. Les surfaces réglées qui ont deux directrices et un plan directeur.

Construction des surfaces réglées qui ont trois directrices.

426. Soient (*fig.* 279, *Pl.* 47) (AA'), (BB'), CC'), les trois directrices d'une surface réglée; on veut construire la génératrice qui passe par le point *ss'*.

Concevons un cône qui ait pour sommet le point *ss'*, et pour directrice la courbe BB'; le point *uu'*, où la surface de ce cône sera percée par la courbe CC', appartiendra à la génératrice cherchée. En effet, la droite *su*, *s'u'*, située dans la surface du cône auxiliaire, coupera en un point *vv'* la courbe BB' que nous avons prise pour directrice de ce cône. Elle s'appuiera donc sur les trois directrices de la surface réglée suivant les points *ss'*, *vv'*, *uu'*.

Pour obtenir le point *uu'*, on construira (74), la courbe *b*, provenant de l'intersection du cône auxiliaire par le cylindre vertical qui contient la courbe CC'; l'intersection des deux courbes *b* et C fait connaître la projection verticale du point *u*.

En recommençant cette construction, on aura autant de positions de la génératrice que l'on voudra.

Dans quelques cas particuliers, cette construction se simplifie beaucoup.

427. Prenons pour exemple (*fig.* 281) la surface réglée formant la partie supérieure de la voûte connue sous le nom d'*arrière-voussure de Marseille*.

L'une des directrices de cette surface est un arc de cercle AA' parallèle au plan vertical de projection, et ayant son centre au-dessous du plan horizontal; la seconde directrice est le demi-cercle CC', aussi parallèle au plan vertical et ayant son centre dans le plan horizontal; enfin la troisième directrice est la droite BB', située dans le plan horizontal, et perpendiculaire au plan vertical.

Cette troisième directrice se projetant sur le plan vertical en un seul point B, toutes les projections verticales des génératrices doivent concourir à ce point; de sorte que pour construire, par exemple, celle qui passe par le point *ss'*, on joindra SB, et la projection verticale du point *u* sera connue par l'intersection de cette ligne avec C. En abaissant la perpendiculaire du point *u*, on aura *u'*; ainsi *s'u'* sera la projection horizontale de la génératrice demandée.

Dans cette construction, le plan SBB', perpendiculaire au plan vertical, tient lieu du cône auxiliaire que nous avons employé précédemment pour résoudre le cas général.

La courbe *zox* est la trace verticale de la surface.

Si la directrice BB', en passant toujours par le centre de la directrice CC', cessait d'être située dans le plan horizontal, et qu'elle s'inclinât en s'approchant du centre de la directrice AA', la forme de la surface se rapprocherait de celle d'un cône oblique, et elle deviendrait une surface de cône au moment où la directrice BB' contiendrait les centres des deux autres directrices.

C'est la ressemblance entre le cône et la surface réglée que nous venons de construire, qui engage quelques constructeurs à remplacer, dans la coupe des pierres, la surface réglée de l'arrière-voussure par celle d'un cône oblique.

Il est bon que les commençans s'habituent ainsi à remarquer les analogies entre les diverses espèces de surfaces qu'ils étudient, parce qu'il arrive *très souvent*, dans les applications, que des motifs d'économie ou des convenances de localité font substituer à l'emploi des surfaces indiquées par la théorie, d'autres surfaces qui diffèrent peu des premières et qui souvent ne présentent pas les mêmes difficultés d'exécution.

428. Je prendrai pour second exemple la surface de la voûte que l'on nomme *biais passé* (*fig.* 282).

Les directrices de cette surface sont les deux cercles verticaux AA', CC', élevés sur les côtés du parallélogramme *mnpq*, et la droite BB' perpendiculaire au plan vertical de projection, et passant par le centre du parallélogramme ; la construction se fera comme dans l'épure précédente. Les projections verticales des génératrices concourent toutes au point B ; la courbe *zox* est la trace verticale de la surface.

Si le parallélogramme *mnpq* était un rectangle, les deux cercles AA′, CC′, auraient la même projection verticale, et la surface serait un cylindre perpendiculaire au plan vertical de projection ; si au contraire les projections verticales des deux cercles s'écartaient jusqu'à ce que la diagonale *pn* fût perpendiculaire au plan vertical, la surface se composerait de deux moitiés de cône qui auraient leurs sommets, l'un au point *p*, l'autre au point *n*.

Construction des surfaces réglées qui ont un plan directeur.

429. Lorsqu'on prend un plan directeur pour déterminer la génératrice d'une surface réglée, cela revient à supposer que la troisième directrice est une droite ou une courbe plane dont tous les points seraient situés à une distance infinie ; car, dans ce cas, la génératrice ne pouvant rencontrer cette courbe qu'à l'infini, doit rester constamment parallèle au plan qui la contient.

430. En prenant le plan directeur pour plan de projection, la construction de ces sortes de surfaces devient extrêmement simple.

Soit, par exemple (*fig.* 280), les deux directrices AA′, CC′, le plan vertical étant le plan directeur.

Toutes les génératrices devant être parallèles au plan vertical de projection, leurs projections horizontales seront parallèles à la ligne de terre ; d'où il résulte qu'en élevant deux perpendiculaires par les points où ces projections rencontrent celles des directrices, on aura les projections verticales correspondantes. Ainsi après avoir construit *s′u′* parallèle à la ligne de terre, on élevera les perpendiculaires *s′s*, *u′u*, et la projection verticale *su* sera déterminée.

Le cône auxiliaire que nous avons employé dans le principe général se trouve ici remplacé par un plan parallèle au plan vertical et ayant la droite *s′u′* pour trace horizontale.

431. Parmi les cas particuliers de cette classe de surfaces,

nous devons surtout remarquer celles auxquelles on a donné le nom de *conoïdes*.

On nomme ainsi toute surface ayant un *plan directeur*, et une *droite* pour l'une de ses directrices.

Soit (*fig.* 283). La première directrice est le demi-cercle AA'; la seconde directrice est la droite CC', perpendiculaire au plan horizontal, et le plan directeur étant horizontal, il sera indifférent de commencer par la projection verticale ou par la projection horizontale de la génératrice. Dans le premier cas on construirait la projection verticale parallèle à la ligne de terre, et si l'on voulait commencer par la projection horizontale, on la ferait passer par C'. La courbe *zon* est la trace verticale de la surface. Si tous les points suivant lesquels les génératrices coupent la directrice verticale CC' étaient rapprochés en un seul, la surface deviendrait un cône, et c'est par suite de cette analogie qu'on lui a donné le nom de *conoïde*.

432. *Second exemple.* Soit prise (*fig.* 284) la courbe AA' pour première directrice; pour seconde directrice, la verticale CC', le plan directeur étant horizontal; on pourra, pour construire une génératrice, commencer par la projection verticale *su*, parallèle à la ligne de terre; ou par la projection horizontale *s'u'*, que l'on fera passer par le point C'.

Cette surface se nomme *conoïde hélicoïde*: elle est du genre des conoïdes, puisque ayant un plan directeur, elle a de plus une droite pour directrice; et le nom d'*hélicoïde* lui vient de la nature de la courbe que l'on a prise pour seconde directrice. Cette courbe se nomme une *hélice*.

Comme nous ferons par la suite un usage fréquent de ces sortes de courbes, nous allons en donner la construction.

433. *Des hélices.* Si l'on suppose qu'un point situé sur la surface d'un cylindre tourne en s'éloignant d'un plan perpendiculaire aux génératrices, de manière qu'à chaque instant sa distance à ce plan soit proportionnelle à la quantité dont il aura tourné, la courbe engendrée se nommera une *hélice*.

Il résulte de cette définition,

1°. *Que les hélices font des angles égaux avec toutes les génératrices ;*

2°. *Que ces courbes, ou leurs tangentes, font partout le même angle avec le plan de la section droite ;*

3°. *Que dans le développement du cylindre qui contient une hélice, cette courbe se transforme toujours en ligne droite.*

La distance entre deux intersections de la courbe avec la même génératrice se nomme *le pas de l'hélice*, et la portion de courbe correspondante se nomme une *spire*.

La *section droite* d'un cylindre est une hélice dont le pas est *nul*.

Les hélices se distinguent par la nature de la section droite du cylindre sur lequel elles sont tracées : lorsque cette section est un cercle, on dit que l'hélice est à *base circulaire*.

434. *Construction de l'hélice.*

Soit A′ (*fig.* 284) la base de l'hélice, et *vu* la seizième partie du pas ; on partagera en seize parties égales la circonférence du cercle A′, et si l'on suppose que le point générateur, partant de *bb′* dans le plan horizontal, tourne dans le sens de l'arc *b′c′d′*, il est évident que lorsqu'il coupera la génératrice projetée horizontalement en *c′*, il sera élevé au-dessus du plan horizontal d'une quantité égale à *vu* ; il sera donc à l'intersection de la perpendiculaire du point *c′* avec l'horizontale du point *u* ; lorsqu'il arrivera sur la génératrice *d′*, il sera élevé de deux seizièmes, et par conséquent sur l'horizontale du point *z* ; ainsi de suite.

435. Toutes les surfaces *hélicoïdes* ne sont pas en même temps *conoïdes* ; il faut pour cela, nous l'avons déjà dit, que l'une des directrices soit droite.

Quelquefois la génératrice devra, dans son mouvement, rester parallèle à un plan directeur, et s'appuyer sur deux hélices de même pas et à bases concentriques.

D'autrefois le plan directeur est remplacé par la condition que la génératrice s'appuiera sur une troisième directrice, ou qu'elle touchera un cylindre donné, ou qu'enfin elle sera normale à une surface ou tangente à une courbe donnée.

Sections des surfaces réglées.

436. *Section par un plan perpendiculaire au plan de projection.*

La surface étant donnée par ses directrices, on établira sur l'épure un certain nombre de génératrices, et l'on cherchera l'intersection de chacune d'elles par le plan donné. Ainsi (*fig.* 285, *Pl.* 48) la courbe *bu*, *b'u'* est l'intersection de la surface réglée A,A', par le plan *p*, perpendiculaire au plan horizontal.

437. On obtient de la même manière la courbe *d'x'*, provenant de l'*intersection par une surface cylindrique perpendiculaire au plan vertical.*

438. *Intersection par une ligne.* Si la ligne donnée *aa'* est droite, on emploiera comme surface auxiliaire un de ses plans projetans, et l'on obtiendra le point *mm'*.

Si la ligne est courbe, comme *cc'*, on fera usage de la surface cylindrique projetante.

439. Si l'on donnait la projection *m'* d'un point de la surface AA', et qu'il fallût obtenir sa projection verticale, on construirait dans le voisinage de ce point quelques génératrices de la surface; puis coupant la surface par un plan *p* perpendiculaire au plan horizontal et contenant le point donné, on construirait la courbe *bu* sur laquelle devrait se trouver la projection verticale du point demandé.

Si ensuite par le point *mm'*, ainsi déterminé, on voulait construire une génératrice de la surface, on agirait comme on a fait (426) à l'égard du point *ss'*.

440. *Section par un plan oblique.* Il suffit de chercher l'intersection du plan donné *p* (*fig.* 286), par chacune des génératrices de la surface, ce qui ramène la construction à celle du n° 70. On a fait usage de plans perpendiculaires au plan vertical.

Intersection des surfaces réglées et des cylindres, cônes et surfaces de révolution.

441. *Intersection d'une surface réglée et d'un cylindre.*

On emploiera comme surfaces auxiliaires des plans parallèles au cylindre, et contenant les génératrices de la surface réglée. Ainsi (*fig.* 287) par un point *nn'*, pris où l'on voudra sur la droite *aa'*, génératrice de la surface réglée AA', on construira une ligne *cc'* parallèle au cylindre ; les deux droites *aa'*, *cc'*, détermineront un plan *p* parallèle au cylindre, et qui le coupera suivant une de ses génératrices *bb'*, et le point *uu'*, intersection de *aa'* et de *bb'*, appartiendra aux deux surfaces et fera partie de la courbe d'intersection. On obtiendra par ce moyen autant de points que l'on voudra.

Cela revient à construire (288) l'intersection du cylindre par chacune des génératrices de la surface réglée.

442. *Intersection d'une surface réglée avec un cône.*

Un plan *p*, passant par le sommet du cône et par la droite *aa'* (*fig.* 288), génératrice de la surface réglée, coupera le cône suivant une droite *bb'*, et l'intersection de *aa'* et de *bb'* fera connaître le point *uu'*, commun aux deux surfaces (309). Chaque point de la courbe s'obtiendra par une construction semblable.

443. *Intersection d'une surface réglée avec une surface de révolution.*

Un plan horizontal *p* (*fig.* 289), coupera la surface réglée suivant une courbe *aa'*, et la surface de révolution suivant le parallèle *bb'* ; et les deux lignes *aa'* et *bb'* se couperont en deux points *mm'*, *nn'*, appartenant à la courbe d'intersection des deux surfaces.

On agira de la même manière pour trouver d'autres points de la courbe.

On pourrait dans certains cas employer avec succès, comme surfaces auxiliaires, des *cylindres circulaires droits*, ayant le même axe que la surface de révolution.

444. *Intersection de deux surfaces réglées.*

Un plan vertical *p*, contenant la génératrice *aa'* (*fig.* 290), coupera la seconde surface réglée, suivant une courbe *bc*, *b'c'*, facile à construire (436), et l'intersection de cette courbe avec la droite *aa'* déterminera un point *mm'*, commun aux deux surfaces.

On recommencera cette construction qui se réduit à chercher l'intersection de la surface réglée BB', par chacune des génératrices de l'autre surface.

De l'hyperboloïde à une nappe, et du paraboloïde hyperbolique.

445. Lorsqu'une surface réglée a pour directrices *trois lignes droites*, elle prend le nom d'*hyperboloïde à une nappe*.

Si l'une des directrices était remplacée par un plan directeur, la surface serait un *paraboloïde hyperbolique*.

446. *Construction de l'hyperboloïde à une nappe.*

On pourrait opérer comme nous l'avons fait (426) dans le cas où les directrices étaient trois lignes courbes; mais il sera plus simple, lorsqu'il y aura des directrices droites, de placer l'une d'elles perpendiculairement à l'un des plans de projection. Supposons donc (*fig.* 291, *Pl.* 49) que l'une des directrices soit la droite BB', perpendiculaire au plan horizontal, et que les deux autres directrices soient les droites AA', CC'; les projections horizontales des génératrices concourront toutes au point B', et par conséquent ne présenteront aucune difficulté. Ainsi, après avoir construit la projection horizontale S'B' de l'une des génératrices, on élevera la perpendiculaire *s's*, *u'u*, jusqu'à la rencontre des projections verticales des directrices AA', CC', et l'on aura la droite *su* pour projection verticale de la génératrice.

La courbe *zox* est la trace verticale de la surface; *zv* et B'*q* en sont les traces horizontales, ces courbes sont des arcs d'hyperbole.

447. *Construction du paraboloïde hyperbolique.*

Les droites AA', CC' (*fig.* 292), étant prises pour directrices d'un *paraboloïde hyperbolique*, on agira comme nous l'avons fait (429), pour le cas où les directrices étaient courbes.

La trace verticale de la surface est la droite zx, et les deux arcs d'hyperboles vx, nk, en sont les traces horizontales.

448. Les deux surfaces que nous venons de construire diffèrent des autres surfaces réglées par cette propriété remarquable, *qu'elles peuvent être engendrées par une ligne droite, de deux manières différentes.*

Voici la démonstration de ce principe.

Double génération de l'hyperboloïde à une nappe.

449. Soient AB, CD, EF (*fig.* 300, *Pl.* 50) les trois directrices d'un hyperboloïde à une nappe.

AE, GH, BF, trois positions de la génératrice de cette surface. Je dis que si l'on prend ces trois dernières lignes pour directrices d'un second hyperboloïde, ces deux surfaces coïncideront dans toute leur étendue et n'en feront par conséquent qu'une seule.

Cela revient à prouver qu'une droite quelconque mn qui s'appuierait sur les trois premières directrices, couperait toujours une droite quelconque pq qui s'appuierait sur les trois autres. Alors il sera démontré que toutes les génératrices de la première surface coupent toutes les génératrices de la seconde, et que, par conséquent, les deux surfaces se confondent.

Nous démontrerons d'abord quelques théorèmes.

450. *Si une transversale coupe les trois côtés d'un triangle ou leur prolongement, le produit de trois segmens discontinus, c'est-à-dire qui n'ont pas d'extrémités communes, est égal au produit des trois autres segmens pareillement discontinus.*

Soit (*fig.* 301) le triangle ABC et la transversale PQS, formant par ses intersections avec les côtés les six segmens PA, PB, QA, QC, SB, SC.

Menons CO parallèle à AB ; on aura

$$PB : OC :: SB : SC,$$
$$OC : PA :: QC : QA.$$

Multipliant les deux proportions, et réduisant, il vient

$$PB : PA :: SB \times QC : SC \times QA;$$

d'où

$$PB \times SC \times QA = PA \times SB \times QC;$$

ce qu'il fallait démontrer.

451. *Si sur les quatre côtés d'un quadrilatère gauche on prend quatre points qui soient dans un même plan, le produit des quatre segmens discontinus est égal au produit des quatre autres segmens également discontinus.*

Soit (*fig.* 302) le quadrilatère ABCD. Si les quatre points P, Q, R, S, sont dans un même plan, les trois lignes, BD, PQ, RS concourront en un point M, intersection des trois plans ABD, BCD, PQRS.

D'après cela, la transversale PQM coupant les côtés du triangle ABD, on aura

$$BP \times AQ \times DM = PA \times QD \times MB.$$

La transversale RSM donnera

$$BM \times RC \times SD = BR \times SC \times DM.$$

Multipliant ces deux équations et réduisant, on aura

$$BP \times AQ \times DS \times CR = PA \times QD \times SC \times RB.$$

Ce qu'il fallait démontrer.

452. Réciproquement, *si quatre points sont situés sur les côtés d'un quadrilatère gauche, de manière que le produit de quatre segmens discontinus soit égal au produit des quatre autres segmens pareillement discontinus, je dis que ces quatre points seront dans un même plan.*

Soit (*fig.* 303) le quadrilatère gauche ABCD et les quatre points PQRS, tels que l'on ait

$$AP \times BQ \times CS \times DR = PB \times QC \times SD \times RA.$$

La transversale PQM donne

$$PB \times QC \times AM = AP \times BQ \times CM.$$

La transversale RSK donne

$$AR \times DS \times CK = RD \times CS \times AK.$$

Multipliant les trois équations et réduisant, on a

$$AM \times CK = CM \times AK,$$

ou

$$CK\ (AC + CM) = CM\ (AC + CK),$$

$$CK \times AC + CK \times CM = CM \times AC + CK \times CM.$$

Réduisant, $CK = CM.$

Donc, les deux points M et K n'en doivent faire qu'un; donc, les droites PQ, RS, se coupent en un point M sur la ligne AC; et les quatre points PQRS sont dans un même plan.

C'est ce qu'il fallait démontrer.

453. Revenons à la figure (300), article (449). Il s'agit de prouver qu'une génératrice quelconque *mn* du premier hyperboloïde coupe nécessairement une génératrice quelconque *pq* du second. La ligne GH s'appuyant sur les trois directrices primitives AB, CD, EF, coupe la seconde au point *u*. Les quatre points CGDH sont dans un même plan.

La ligne *mn*, s'appuyant sur les mêmes directrices, coupe CD en *z*. Les quatre points C*m*D*n* sont dans un même plan.

Enfin la ligne *pq* s'appuyant sur les trois droites AE, GH, BF, coupe GH en *v*, et les quatre points *p*G*q*H sont dans un même plan.

Donc (451), les points CGDH étant dans un même plan, on a

$$EC \times AG \times BD \times FH = CA \times GB \times DF \times HE.$$

Les points $CmDn$ étant dans un plan, on a

$$CA \times mB \times DF \times nE = EC \times Am \times BD \times Fn.$$

Les points $pGqH$ étant dans un plan, on a

$$pA \times GB \times qF \times HE = Ep \times AG \times Bq \times FH.$$

Multipliant les trois équations et réduisant, on a

$$pA \times mB \times qF \times nE = Ep \times Am \times Bq \times Fn.$$

Donc, puisque les quatre points $pmqn$ sont situés sur les côtés du quadrilatère gauche, de telle manière que le produit de quatre segmens discontinus est égal au produit de quatre autres, il en résulte (452), que ces quatre points sont dans un même plan, et que les droites mn, pq, se coupent en un point y.

Donc enfin, puisqu'une génératrice quelconque de la première surface est toujours coupée par une génératrice quelconque de la seconde, il en résulte, comme nous nous proposions de le démontrer, que *toutes les génératrices du premier hyperboloïde rencontrent toutes les génératrices du second, et que, par conséquent, les deux surfaces coïncident et n'en font qu'une seule.*

Propriétés du paraboloïde hyperbolique.

454. On démontre en géométrie que *les parties de deux droites comprises entre des plans parallèles sont proportionnelles entre elles.*

Soit (*fig.* 304) les deux lignes AB, CD, coupées par les plans P, P', P''; parallèles entre eux. On aura

$$Am : mB :: Cn : nD.$$

Or les positions diverses de la génératrice d'un paraboloïde hyperbolique étant déterminées par des plans parallèles au plan directeur, on peut dire en général que :

455. *Les directrices d'un paraboloïde hyperbolique sont coupées par les génératrices en parties proportionnelles.*

456. Réciproquement, *si deux droites sont coupées par trois autres en parties proportionnelles, ces trois dernières lignes seront parallèles à un même plan.*

Supposons (*fig.* 304) que l'on ait

$$Am : mB :: Cn : nD.$$

Si les droites AC, mn, BD, n'étaient pas parallèles à un même plan ; concevons une ligne mo, située dans un plan parallèle aux droites AC, BD, où aurait

$$Am : mB :: Co : oD ;$$

mais à cause du rapport commun, il viendrait

$$Cn : nD :: Co : oD ;$$

d'où

$$Cn : Co :: nD : oD ;$$

résultat absurde.

457. De là cette conséquence : *Si une droite s'appuie sur deux autres en les coupant toujours en parties proportionnelles, la surface engendrée sera un paraboloïde hyperbolique.*

458. *Si l'on prend pour directrices d'une surface réglée trois droites parallèles à un même plan, cette surface sera un paraboloïde hyperbolique.*

Soient prises pour directrices (*fig.* 305) les trois droites AC, mn, BD, parallèles à un même plan ; AB, zx, CD, étant trois positions de la génératrice.

Les droites BD, mn et AC étant parallèles à un même plan, couperont les deux lignes AB, CD en parties proportionnelles (455) ; de sorte que l'on aura

$$Am : mB :: Cn : nD.$$

De plus, la génératrice zx, s'appuyant sur les trois droites BD, mn, AC, coupera la seconde en O, ce qui donnera (451)

$$Am \times Bx \times Dn \times Cz = mB \times xD \times nC \times zA.$$

Divisant cette équation par la précédente, il vient

$$Bx \times Cz = xD \times Az,$$

ou

$$Bx : xD :: Az : Cz.$$

Donc, la génératrice zx coupera toujours les directrices BD, AC, en parties proportionnelles, et par conséquent (457) la surface engendrée sera un paraboloïde hyperbolique, ayant un plan directeur parallèle aux droites AB, CD.

Double génération du paraboloïde hyperbolique.

459. Soit (*fig.* 305) AB, CD, les directrices d'un paraboloïde hyperbolique.

Les trois droites BD, mn, AC, étant trois positions de la génératrice, on aura (455)

$$Am : mB :: Cn : nD.$$

Mais si l'on prend ensuite AC, BD, pour directrices d'un second paraboloïde, et un plan directeur parallèle aux deux droites AB, CD, ces deux lignes et zx étant trois positions de la génératrice de cette seconde surface, on aura encore

$$Cz : zA :: Dx : Bx.$$

En multipliant cette proportion par la précédente, et formant le produit des extrêmes égal à celui des moyens, on aura

$$Am \times Bx \times Dn \times Cz = mB \times xD \times nC \times zA.$$

Donc (452) les deux droites mn, zx, se coupent.

Ainsi une génératrice *quelconque* de la première surface coupant toujours une génératrice *quelconque* de la seconde, il en résulte nécessairement que les deux surfaces coïncident.

Il ne faut pas perdre de vue que le plan directeur de la seconde génération est parallèle à deux génératrices de la première, et réciproquement.

Plans tangens aux surfaces réglées.

Si l'on a bien compris ce qui précède il sera facile de construire, dans tous les cas, des plans tangens aux surfaces réglées.

460. *Construire un plan tangent en un point donné sur la surface d'un hyperboloïde à une nappe.*

La surface de l'hyperboloïde pouvant être engendrée par une droite de deux manières différentes ; si l'on fait passer par le point donné les génératrices appartenant à chacun de ces deux systèmes de génération, on aura deux droites situées dans la surface, et qui détermineront le plan tangent.

Soit (*fig.* 293, *Pl.* 49) AA', BB', CC', les trois directrices d'un hyperboloïde à une nappe, et le point *mm'* donné sur l'une des génératrices *sm*, *s'm'*, cette droite étant considérée comme une première tangente, il ne reste plus qu'à en obtenir une seconde. Pour cela on construira deux autres génératrices *xx'*, *vv'*, et prenant les trois droites *ss'*, *xx'*, *vv'*, pour directrices de la seconde génération, on construira la génératrice *tm*, *t'm'*, qui, avec *sm*, *s'm'*, déterminera le plan tangent.

Pour obtenir *tm*, on opérera comme dans le principe général (426), avec cette différence toutefois que le cône auxiliaire sera remplacé par un plan contenant le point donné *mm'* et la directrice *vv'*.

Ainsi, concevant deux droites (*ma*, *m'a'*) (*mb*, *m'b'*) passant par le point *mm'*, et s'appuyant sur la directrice *vv'*, on aura un plan qui sera percé par la directrice *xx'*, en un point *uu'* faisant partie de la génératrice *tm*, *t'm'*.

Si l'on n'avait qu'une des projections du point de tangence, on commencerait (439) par déterminer l'autre projection et la génératrice correspondante, puis on opérerait comme précédemment.

461. *Construire un plan tangent en un point donné sur la surface d'un paraboloïde hyperbolique.*

La construction ne différera de celle qui précède que par la manière d'obtenir la seconde tangente.

Soit (*fig.* 294) les deux directrices AA', CC', la première génération se faisant parallèlement au plan vertical.

La génératrice (*sm*, *s'm'*) passant par le point donné sera la première tangente ; pour obtenir la seconde, on construira les droites (*m'c'*, *mc*) (*m'd'*, *md*) parallèles aux deux premières directrices, et le plan déterminé par ces droites étant parallèle à la seconde génération, contiendra la génératrice (*mu*, *m'u'*) que nous prendrons pour deuxième tangente, et qui avec (*sm*, *s'm'*) déterminera le plan tangent.

462. *Construire un plan tangent à une surface réglée quelconque, en un point pris sur cette surface.*

Soit (*fig.* 295) A, B, C, les trois directrices d'une surface réglée ; on veut construire un plan tangent par un point *m* donné sur cette surface.

La génératrice qui contient le point donné pouvant être prise pour une première tangente, il ne reste plus qu'à en construire une seconde. Pour cela on peut couper la surface donnée dans une direction quelconque, par un plan qui contiendrait le point *m*, puis mener par ce point une tangente à la courbe d'intersection ; mais ce moyen, suffisant dans le plus grand nombre de cas, n'est susceptible d'une exactitude rigoureuse que lorsque la courbe provenant de la section est telle que l'on puisse y mener géométriquement une tangente. Lorsque cela n'aura pas lieu, et que la question proposée exigera une grande exactitude, on cherchera s'il existe dans la longueur de la génératrice qui contient le point donné, trois points par lesquels on puisse mener géométriquement des tangentes à la surface, et après avoir construit ces tangentes, on les prendra pour directrices d'un hyperboloïde à une nappe qui touchera la surface donnée dans toute la longueur de la génératrice commune ; de sorte que les deux surfaces se touchant, tout plan tangent à l'une d'elles sera aussi tangent à l'autre (411). La question ne consistera donc plus qu'à construire un plan tangent à l'hyperboloïde, ce que nous savons faire.

463. On remarquera toutefois que l'exactitude rigoureuse du résultat est soumise à cette condition, que l'on pourra mener des tangentes à la surface en trois points différens de la génératrice qui contient le point donné; mais comme les directrices des surfaces réglées que l'on emploie dans les arts sont presque toujours des courbes définies, on pourra construire les tangentes à ces courbes aux points où elles sont coupées par la génératrice.

464. Supposons donc (*fig.* 296) que l'on soit parvenu à construire les trois tangentes t, t', t'', chacune de ces tangentes combinée avec la génératrice *ac*, déterminera un plan tangent. Dans chacun de ces plans p, p', p'', on pourra mener une infinité de tangentes à la surface donnée, et prenant une tangente quelconque dans chacun de ces trois plans, on pourra en faire les directrices d'un hyperboloïde tangent, d'où il résulte *qu'il y a une infinité d'hyperboloïdes tangens à la surface donnée*, et que l'on pourra toujours choisir parmi tous ces hyperboloïdes celui qui, par la disposition de ses directrices, serait le plus commode pour la construction de l'épure.

Or, si par les points a, b, c, on mène trois plans parallèles entre eux, ces plans couperont les trois plans tangens suivant trois droites tangentes à la surface, et qui de plus seront parallèles à un même plan; de sorte qu'elles pourront (458) être prises pour directrices d'un paraboloïde hyperbolique dont la construction est ordinairement plus simple que celle de l'hyperboloïde. Enfin, la direction des trois plans parallèles dont nous venons de parler pouvant être prise d'une manière quelconque, on pourra construire une infinité de paraboloïdes tangens, et l'on choisira le plus favorablement disposé pour les constructions.

465. *Tout plan contenant une génératrice d'une surface réglée est un plan tangent, quel que soit du reste sa direction.*

En effet (*fig.* 297), indépendamment de la génératrice *ab*, que l'on peut considérer comme une première tangente, le plan p contiendra encore la droite cd, tangente à la courbe suivant laquelle il coupe les autres génératrices de la surface. Ainsi nous devons admettre cette conséquence que, pour construire un plan tangent à une surface réglée, il suffit de *le faire passer par une génératrice de cette surface*.

466. Pour construire le point de tangence m, on cherchera la courbe d'intersection avec les autres génératrices, et le point de tangence sera déterminé par l'intersection de cette courbe avec la génératrice par laquelle on a conduit le plan tangent. Si l'on fait tourner ce plan autour de la génératrice ab, le point de tangence glissera le long de cette ligne et changera de place pour chaque position différente du plan tangent.

Si la surface réglée avait un plan directeur, et que le plan tangent lui fût parallèle, le point de tangence serait à l'infini.

La ligne de contact située à l'infini remplacerait la troisième directrice de la surface réglée.

467. *Construire un plan tangent à une surface réglée, par un point pris hors de cette surface.*

On fera passer des plans par le point donné et chacune des génératrices de la surface, ce qui fera autant de plans tangens. En construisant pour chacun d'eux le point de tangence, et faisant passer une courbe par tous ces points, on aura la ligne de contact suivant laquelle la surface réglée serait touchée par une surface conique dont la génératrice glisserait en s'appuyant toujours sur la première de ces deux surfaces, et qui aurait son sommet au point donné.

468. *Construire un plan tangent à une surface réglée, par une droite donnée hors de cette surface.*

Soit la droite donnée ab (*fig.* 298), on construira la ligne cd, suivant laquelle la surface réglée serait touchée par une surface conique ayant son sommet en un point quelconque a

sur la droite donnée. On construira pareillement la ligne *eh*, provenant du contact par une seconde surface conique ayant son sommet en *b*, et le point *m*, intersection des deux courbes *cd*, *eh*, sera le point de tangence. Il ne restera plus qu'à faire passer un plan par ces points et par la droite donnée.

469. *Construire un plan tangent à une surface réglée, parallèlement à une droite donnée.*

On fera passer par chacune des génératrices de la surface réglée un plan parallèle à la droite donnée (83).

La courbe de contact se déterminera comme nous l'avons dit précédemment; elle contient la suite des points suivant lesquels la surface proposée serait touchée par une surface cylindrique parallèle à la droite donnée.

470. Si cette droite était perpendiculaire au plan de projection, la projection de la courbe de contact serait la limite de la projection de la surface donnée.

Application des plans tangens.

471. *Construction du paraboloïde tangent.*

Prenons pour exemple (*fig.* 306, *Pl.* 51), la surface réglée de l'*arrière-voussure de Marseille* (427).

La droite tt', tangente à la directrice AA', sera par conséquent tangente à la surface donnée; il en sera de même de la droite ll'. Enfin la directrice droite BB' étant située dans la surface, serait une troisième tangente. Ces trois droites étant prises pour directrices, on obtiendrait un hyperboloïde à une nappe touchant la surface donnée dans toute l'étendue de la génératrice mB, $m'b'$; mais le plan qui contiendrait cette génératrice et la directrice BB', étant un plan tangent, puisqu'il contient deux droites situées dans la surface, on pourra toujours construire dans ce plan une droite telle que vv', parallèle au plan vertical; de sorte que si, au lieu des directrices tt', ll', BB', on prend tt', ll', vv', on aura un paraboloïde tangent (458), tel que l'une de ses générations se fera parallèlement au plan vertical.

Les trois droites tt', ll', vv', étant prises pour premières directrices, la droite mB, $m'b'$, étant une des génératrices de cette surface, il faudrait en construire une seconde afin d'avoir les directrices de la seconde génération. Pour arriver à ce résultat, on construira par un point ss', pris sur la directrice ll', et par la seconde directrice l', un plan dont la trace horizontale sera $s'o'$, et qui coupera suivant ou le plan vertical contenant la troisième directrice vv'; de sorte que le point uu' appartiendra à la génératrice cherchée su, $s'u'$, qui provient du premier mode de génération. Ainsi donc, les deux droites (mb, $m'b'$) (su, $s'u'$) seront les directrices de la seconde génération qui, devant se faire parallèlement au plan vertical (459), ne présentera plus aucune difficulté.

On a tracé sur l'épure les génératrices du paraboloïde tangent, chacune d'elles est tangente à la surface proposée en un point de la droite (mB, $m'b'$); de sorte qu'à ce point le plan tangent sera déterminé par la droite (mb, $m'b'$) et la génératrice correspondante du paraboloïde.

472. Dans l'épure (307) on a construit le paraboloïde tangent à la surface du *biais passé:* les moyens d'exécution sont absolument les mêmes.

473. *Normales et surfaces normales.*

Si l'on voulait construire une normale en un point mm' de l'arrière-voussure, on remarquerait d'abord que la droite (mx', $m'x'$), parallèle au plan vertical et située dans le plan tangent, sera parallèle à sa trace verticale; de sorte que nm perpendiculaire sur mx sera la projection verticale de la normale; pour avoir la projection horizontale, il faudra construire la trace horizontale du plan tangent au point donné; puis $m'n'$, perpendiculaire sur cette trace, sera la projection horizontale de la normale. On opérera de la même manière pour la normale à la surface du biais passé.

En construisant une normale par chacun des points de la

droite (mB, $m'b'$), on aura une surface normale suivant cette ligne.

474. Lorsque l'on veut construire une surface normale suivant la génératrice d'une surface réglée, on peut souvent, en choisissant d'une manière convenable le plan directeur du paraboloïde tangent, rendre les constructions aussi simples qu'élégantes.

475. Soit par exemple (*fig.* 308) l'arc AA′ et la verticale BB′, directrices d'une *surface conoïde,* ayant le plan horizontal pour plan directeur (431).

On veut construire une surface normale suivant la génératrice (ab, $a'b'$).

La droite tt', tangente au point aa', pourrait, avec la verticale BB′, être prise pour directrice d'un paraboloïde tangent, dont par conséquent la seconde génération se ferait parallèlement au plan vertical; mais il sera mieux d'opérer comme il suit.

On construira par les deux droites (ab, $a'b'$) (tt') un plan tangent dont la trace horizontale ps sera parallèle à $a'b'$, puis on menera perpendiculairement sur $a'b'$ la tangente (au, $a'u'$), que l'on prendra avec la verticale BB′, pour les deux directrices d'un paraboloïde hyperbolique dont la seconde génération sera perpendiculaire à la droite (ab, $a'b'$); de sorte qu'en projetant ce paraboloïde sur son plan directeur p'' que l'on a rabattu sur l'épure, la directrice ab, $a'b'$, se trouve projetée par un seul point a'', par lequel passeront toutes les projections verticales des tangentes et des normales. Les projections verticales des normales seront perpendiculaires à celles des tangentes, et leurs projections horizontalés se confondront. La courbe $z'x'$ est l'intersection de la surface normale par le plan p''', parallèle au plan horizontal.

Après avoir exécuté les constructions précédentes, il sera facile d'en rapporter les résultats sur la projection verticale primitive.

476. Dans la figure (309), AA′ est une hélice à base circu-

laire ; cette courbe et la verticale BB' ont servi de directrices à une surface hélicoïde dont la génération est parallèle au plan horizontal. On veut construire une surface normale suivant la génératrice *ab*, *a'b'*.

477. On construira la droite *a'o'* tangente au cercle A', et l'on portera de *a'* en *o'* une longueur égale au développement de l'arc *a'c'*, ce qui donnera la projection horizontale de la tangente à l'hélice au point *aa'* ; car la tangente et la courbe se confondant près du point de tangence, les inclinaisons de ces deux lignes sont égales ; d'où il résulte que la projection de la tangente doit être égale en longueur à la projection de l'hélice, la tangente devant se confondre avec la courbe dans le développement du cylindre vertical qui la contient.

La tangente (*ao*, *a'o'*) et la verticale BB' seront les directrices d'un paraboloïde tangent suivant (*ab*, *a'b'*), les horizontales (*ab*, *a'b'*) (*ou*, *o'u'*), génératrices de ce paraboloïde, seront les directrices de la seconde génération, qui se fera parallèlement au plan vertical *p'* perpendiculaire à la droite (*ab*, *a'b'*).

On opérera pour le reste comme dans l'épure précédente.

La courbe *z'x'* est l'intersection de la surface normale par le plan horizontal *p''*.

CHAPITRE III.

SURFACES-ENVELOPPES.

478. Si l'on fait mouvoir une sphère A (*fig.* 310, *Pl.* 52), de manière que son centre parcoure la ligne *abc*, la surface qui enveloppera toutes les positions successives de cette sphère, et qui les touchera toutes, se nommera une *surface-enveloppe*, ou simplement une *enveloppe*.

Deux positions consécutives de la sphère mobile se couperont suivant un cercle *dh*, dont le plan est perpendiculaire à la courbe parcourue par le centre. Ce cercle sera d'autant plus grand que les positions de la sphère seront plus rapprochées les unes des autres, et dans l'hypothèse d'un mouvement continu, la distance des centres étant infiniment petite, l'intersection des deux sphères consécutives peut être considérée comme un grand cercle. On donne à ce cercle le nom de *caractéristique* de la surface.

Ce n'est ici, au surplus, qu'une manière différente d'envisager la génération des surfaces, car nous pourrions donner au cercle *dh* le nom de *génératrice*, et supposer que son centre se meut suivant la courbe *abc*, tandis que son plan est constamment perpendiculaire à la direction de cette courbe, alors la surface engendrée serait l'*enveloppe* des positions successivement occupées par le cercle générateur.

479. Mais la nature des procédés analytiques qui conduisent aux résultats précédens a fait adopter la définition générale suivante.

On appelle enveloppes les surfaces qui sont engendrées par le mouvement d'une autre surface constante ou variable de forme, et qui enveloppent et touchent toutes les positions de la surface mobile.

On donne le nom d'enveloppée à la surface mobile et à chacune de ses positions.

L'intersection de deux enveloppées consécutives est la caractéristique de l'enveloppe.

Cette définition embarrasse ordinairement les commençans ; ils ont de la peine à reconnaître dans certains cas particuliers de surfaces-enveloppes les caractères par lesquels ils se rattachent au cas général.

480. Soit par exemple (*fig.* 311) la surface AA′ à laquelle nous avons donné le nom d'ellipsoïde de révolution.

Supposons que l'on fasse mouvoir le sommet d'un cône circulaire suivant la droite *aa′*, et qu'en même temps l'angle au sommet de ce cône varie de telle sorte, que sa génératrice soit toujours tangente à la section méridienne de la surface A ; il est certain que deux de ces cônes consécutifs et infiniment rapprochés se couperont, suivant un cercle perpendiculaire à l'axe, et la surface de l'ellipsoïde sera le lieu de tous ces cercles.

Or, d'après la définition précédente, les divers cônes mobiles et variables se nommeront enveloppées, et la surface de l'ellipsoïde sera l'enveloppe. Ainsi dans cet exemple la surface-enveloppe est limitée en tous sens, tandis que l'enveloppée ne l'est pas. L'enveloppe se trouve circonscrite par l'enveloppée.

481. Il résulte de là qu'il ne faut attacher aux dénominations précédentes qu'un sens analytique et général, indépendant des applications particulières, et que dans tous les cas l'*enveloppe est le lieu géométrique des intersections successives de l'enveloppée*; de sorte que l'enveloppe touche ou est touchée par toutes les positions successives de l'enveloppée, mais ne les *enveloppe* pas toujours, suivant le sens que l'on attache vulgairement à ce mot.

Les mêmes réflexions se reproduiront en examinant la génération suivante de la même surface A, A'.

482. Supposons une surface cylindrique horizontale ayant pour directrice l'ellipse *ou*; faisons tourner ce cylindre autour de la verticale *aa'*; les positions consécutives du cylindre générateur étant infiniment rapprochées, les intersections successives ne différeront pas de l'ellipse *ou* qui sera la caractéristique de l'enveloppe: le cylindre mobile qui est ici l'enveloppée se trouve encore circonscrit à l'ellipsoïde, qui, d'après la définition générale, représente l'enveloppe.

Surfaces développables.

483. Parmi les cas particuliers de surfaces-enveloppes, nous distinguerons celui où l'enveloppée est un plan (*fig.* 312), alors la caractéristique est une ligne droite, puisqu'elle provient de l'intersection de deux positions consécutives du plan

mobile ; et l'enveloppe, lieu de toutes ces caractéristiques, est une surface réglée.

484. Cette surface jouit toujours de la propriété d'être développable, car deux caractéristiques consécutives étant les intersections d'un même plan avec celui qui précède et avec celui qui suit, ces deux droites seront dans un même plan et se couperont toujours, ce qui est le caractère des *surfaces développables* (424).

La courbe *mnou*, qui passe par tous les points d'intersection des caractéristiques successives, se nomme l'*arète de rebroussement*.

Les droites *a*, *b*, *c*, *d*, sont tangentes à la courbe *mnou*; d'où il suit *qu'une surface développable peut encore être considérée comme le lieu de toutes les tangentes à une courbe qui est l'arète de rebroussement.*

Lorsque cette courbe est plane, la surface devient un plan.

485. Si chacune des droites *a*, *b*, *c*, *d*, était prolongée de l'autre côté du point de tangence, elles formeraient encore une surface développable qui ne serait que le prolongement de la première. Ainsi, en général, *une surface développable est composée de deux nappes qui se réunissent suivant l'arète de rebroussement.*

Si tous les points de tangence se réunissaient en un seul, la surface deviendrait un cône.

Vis Saint-Gilles.

486. Si l'on fait mouvoir une sphère d'un rayon donné, de manière que son centre parcoure une hélice à base circulaire, on obtiendra une surface-enveloppe connue, dans les arts de construction, sous le nom de *vis Saint-Gilles*.

Si l'on voulait projeter cette surface, il suffirait de construire un certain nombre de positions du grand cercle, dont le plan est perpendiculaire à l'hélice.

Souvent on préfère projeter les hélices parcourues par chacun des points de ce grand cercle.

Soit (*fig.* 313) *a* le centre de la sphère mobile; on construira au point *a* la tangente à l'hélice, et la droite *as* perpendiculaire à cette tangente sera la projection du demi grand cercle dont le plan est perpendiculaire à la direction de cette courbe; l'inclinaison du cercle générateur étant connue, il sera facile de le construire, dans telle position que l'on voudra. Les trois lignes (*psq*, *p's'q'*) sont trois positions principales de ce cercle, et les hélices sont celles parcourues par les trois points *pp'*, *qq'*, *ss'*.

Pour avoir la ligne de contour de la projection verticale, il faudrait construire un assez grand nombre d'hélices ou de positions du cercle générateur, et l'on tracerait ensuite une ligne tangente à toutes ces courbes, ou bien on emploierait le principe indiqué n° (419).

487. L'épure 314 représente une vis Saint-Gilles engendrée par un demi-cercle vertical. La nécessité de raccorder ces espèces de voûtes avec des portes dont le cintre est circulaire, fait souvent préférer cette dernière génération à celle qui précède.

488. Si le pas de l'hélice diminuait, la surface de la voûte se rapprocherait de celle du tore ou surface annulaire.

Sections et intersections.

489. Nous n'entrerons pas ici dans le détail des constructions nécessaires pour obtenir les sections par des plans ou des lignes, ce ne serait qu'une répétition de ce que nous avons dit sur l'application des principes 67 et 74.

Nous nous bornerons à un seul exemple de pénétration.

490. Supposons (*fig.* 315) que le demi-cercle *psq* soit pris pour la génératrice d'une vis Saint-Gilles; on veut avoir la courbe de pénétration de cette surface par le conoïde dont les directrices sont la verticale *uu'*, la demi-ellipse (*kdh*, *k'd'h'*),

et dont la génération serait parallèle au plan horizontal, le rayon vertical *od* de l'ellipse étant égal au rayon du cercle *abc*.

Parmi tous les moyens qui résultent du principe général 67, on peut employer le suivant.

Un cylindre vertical à base circulaire C coupera la surface de la vis suivant une hélice *a*, et la surface du conoïde suivant une courbe *b*, et les intersections de *a* et *b* donneront des points de la courbe; on recommencera pour avoir d'autres points.

La courbe *b* se construit en élevant des perpendiculaires par les points où la trace du cylindre C coupe les projections horizontales des génératrices du conoïde.

Plans tangens, surfaces normales.

491. Supposons *qu'en un point aa'* (*fig.* 316) *donné sur la surface d'une vis Saint-Gilles, on veuille construire un plan tangent*; on prendra pour première tangente celle qui touche en (*aa'*) le cercle vertical *man*, générateur de la surface donnée. La tangente à l'hélice qui passe par le même point complétera la détermination du plan tangent. En construisant le triangle *abc*, tel que l'on ait *ab* égal à trois huitièmes du pas de l'hélice, et *bc* égal à trois huitièmes de la circonférence *ak*, l'hypoténuse *ac* sera la tangente à l'hélice, rabattue sur le plan p'' parallèle au plan vertical; le point *v*, où cette tangente perce le plan horizontal, étant projeté en *v'* et ramené en *u'*, on aura *a'u'* pour la projection horizontale de cette tangente; de sorte que la droite *o'u'* sera la trace horizontale du plan tangent. Quant à la trace verticale, elle sera parallèle à la droite *ao*.

492. La droite (*an*, *a'n'*) menée par le point *aa'*, perpendiculairement au plan tangent, sera une *normale*.

493. Si par chaque point de l'hélice *ash*, *a's'h'*, on construit une normale, la surface qui contiendra toutes ces lignes sera une *surface normale*.

Il n'est pas nécessaire pour chaque normale de construire

les traces du plan tangent. En effet, par suite de la forme régulière et constante de la surface, quelle que soit la hauteur du point de tangence, les tangentes, le plan tangent et la normale conserveront toujours la même position relative; de sorte que les projections horizontales de ces lignes ne changeront pas et ne feront que tourner autour du point A'. De là résulte cette construction.

On abaissera du centre une droite $A'z'$, perpendiculaire sur la projection de la première normale, et décrivant la circonférence $z'x'y'$, toute tangente à cette courbe sera la projection horizontale d'une normale. On élevera la perpendiculaire $z'z$ jusqu'à la projection verticale de la normale an, et l'on construira l'hélice $(zx, z'x')$, sur laquelle on déterminera le point où elle est rencontrée par chacune des normales.

La surface que l'on obtiendra sera *réglée* : la génératrice s'appuie sur les deux hélices $(ash, a's'h'')$ $(zx, z'x')$ et touche constamment le cylindre qui contient la dernière.

Si l'on voulait donner à toutes les normales la même longueur, on les terminerait aux points où elles rencontrent un cylindre droit ayant pour trace horizontale une circonférence $n'd'$.

Développement.

494. Dans l'industrie, beaucoup de corps sont terminés par des feuilles minces en tôle, fer-blanc, carton, etc., souvent même quoique la matière soit solide, on en détermine le contour en appliquant sur les faces planes ou courbes des figures découpées auxquelles on fait prendre la courbure de ces faces, et que l'on nomme *panneaux* ou *patrons*. C'est donc un problème important que celui qui a pour but d'obtenir le développement des surfaces.

Nous avons déjà vu que les surfaces cylindriques et coniques se développent exactement; cela provient de leur caractère de surface développables (424).

Les surfaces de révolution se développeront approximativement en les partageant soit par zones, soit par fuseaux (334) (335).

Il ne nous reste donc plus qu'à trouver un moyen de développer *approximativement* certaines positions de surfaces réglées ou enveloppes.

Il est évident que cela revient, étant donnée une certaine surface ou portion de surface, à trouver *une surface développable* qui diffère le moins possible de la surface proposée.

495. Je prendrai pour exemple la surface normale que nous venons de construire dans l'exemple précédent.

Soient les mêmes données (*fig.* 317) on opérera comme précédemment pour obtenir les deux premières normales (an, $a'n'$) (cu', $c'u$); ensuite on construira les deux cordes (ac, $a'c'$) (co, $c'o'$), etc.

Cela posé, concevons un plan par la normale (an, $a'n'$) et la corde (ac, $a'c'$), un second plan par la seconde normale et la seconde corde, un troisième plan par la troisième normale et la troisième corde, etc. On pourra considérer tous ces plans comme les positions successives d'un plan mobile qui dans son mouvement engendrerait une surface développable (484) différant peu de la surface donnée ; en effet la surface normale se compose de petits quadrilatères gauches tels que ($ancu$) ($a'n'c'u'$), et trois angles de chacun de ces quadrilatères étant situés dans le plan mobile correspondant, il y aurait peu de différence entre les surfaces, surtout dans le voisinage de l'hélice (aco, $a'c'o'$), ce qui est essentiel.

Si les arcs (ac, $a'c'$) (co, $c'o'$) devenaient infiniment petits, le plan mobile serait dans chaque position tangent à la surface normale, et l'on obtiendrait une surface développable tangente à la surface normale dans toute l'étendue de l'hélice ($aco...a'c'o'$).

Pour construire cette surface on construira un plan horizontal p. Ce plan coupe le premier plan mobile suivant (ns, $n's'$), et le second suivant (uz, $u'z'$); et l'intersection xx' de ces deux droites appartient à la droite (cx, $c'x'$) qui sera la caractéristique de l'enveloppe cherchée.

En construisant un certain nombre des projections horizontales de cette ligne, et opérant du reste comme nous l'avons fait pour la normale, on obtiendra facilement les projections verticales correspondantes.

496. La surface que nous venons de construire est connue sous le nom d'*hélicoïde développable;* chacune de ses génératrices est tangente à une hélice ayant pour base le cercle *dh*.

La figure 318 représente le développement de la surface précédente ; pour l'obtenir on construira chaque quadrilatère dans sa véritable grandeur ; les courbes $a''y''$, $b''t''$, sont des arcs de cercle.

497. En général *pour développer approximativement une surface quelconque on la partagera en zones de peu de largeur; puis, après avoir construit des plans tangens par tous les points de la courbe moyenne de chaque zone, on développera les surfaces-enveloppes résultant de cette suite de plans tangens.*

FIN DE LA GÉOMÉTRIE DESCRIPTIVE.

TABLE DES MATIÈRES.

LIVRE PREMIER.

CHAPITRE Ier.

CHAPITRE II.

CHAPITRE III.

CHAPITRE IV.

LIVRE II.

CHAPITRE Ier.

FIN DE LA TABLE.

www.ingramcontent.com/pod-product-compliance
Ingram Content Group UK Ltd.
Pitfield, Milton Keynes, MK11 3LW, UK
UKHW022057190726
13855UKWH00002B/526